Anonymous

Sitzungsberichte der Philosophisch-Historischen Klasse der Kaiserlichen Akademie der Wissenschaften

Anonymous

Sitzungsberichte der Philosophisch-Historischen Klasse der Kaiserlichen Akademie der Wissenschaften

ISBN/EAN: 9783743670877

Hergestellt in Europa, USA, Kanada, Australien, Japan

Cover: Foto ©ninafisch / pixelio.de

Weitere Bücher finden Sie auf **www.hansebooks.com**

REGISTER

ZU DEN BÄNDEN

111 BIS 120

DER SITZUNGSBERICHTE

DER

PHILOSOPHISCH-HISTORISCHEN CLASSE

DER KAISERLICHEN

AKADEMIE DER WISSENSCHAFTEN.

XII.

WIEN, 1890.

IN COMMISSION BEI F. TEMPSKY

BUCHHÄNDLER DER KAIS. AKADEMIE DER WISSENSCHAFTEN.

Vorbemerkungen.

Das vorliegende zwölfte Register zu den Sitzungsberichten der philosophisch-historischen Classe der kaiserlichen Akademie der Wissenschaften umfasst die Bände CXI bis CXX.

Es registrirt, nach den Namen der Autoren und sachlichen Schlagwörtern geordnet, in einer alphabetischen Folge nicht nur die in den Sitzungsberichten enthaltenen wissenschaftlichen Abhandlungen, sondern auch die in den Classensitzungen erfolgten geschäftlichen Mittheilungen und Anzeigen, sowie jene Berichte und Aufsätze, welche der Classe vorgelegt, aber von ihr entweder überhaupt nicht oder anderswo als in den in Rede stehenden Bänden der Sitzungsberichte veröffentlicht worden sind. Letztere sind mit * bezeichnet.

Die Sitzungsberichte erschienen bis zum Jahre 1880 in monatlichen Heften, deren je zehn einen Jahrgang und nach Massgabe ihres Umfanges zwei, drei und mehrere Bände bildeten; seit dem Jahre 1880, vom XCVI. Bande an erscheinen sie in Heften, von welchen nach Massgabe ihrer Stärke zwei oder mehrere einen Band bilden; seit dem Jahre 1888, vom CXV. Bande an erscheinen nur Bände. Vom CXVII. Bande an sind die darin enthaltenen Abhandlungen nach der Reihenfolge ihres Erscheinens mit römischen Ziffern bezeichnet.

Von allen grösseren, sowohl in den Sitzungsberichten als in den Denkschriften enthaltenen Aufsätzen befinden sich Separatabdrücke im Buchhandel.

Die folgende Tabelle enthält eine übersichtliche Zusammenstellung der im vorliegenden Register verzeichneten zehn Bände der Sitzungsberichte rücksichtlich der Zeit ihres Erscheinens, ihres Umfanges und ihrer artistischen Beilagen.

Band	Jahrgang	Hefte	Monate	Seitenzahl	Artistische Beilagen
CXI.	1886	1—2	October, November, December 1885	1056	1 Tafel
CXII.	1886	1—2	Jänner, Februar, März, April, Mai, Juni 1886	805	1 Tafel
CXIII.	1886	1—2	Juli, October, November, December 1886	1055	—
CXIV.	1887	1—2	Jänner, Februar, März, April, Mai, Juni, Juli 1887	826	1 Tafel
CXV.	1888	—	October, November, December 1887	546	—
CXVI.	1888	—	Jänner, Februar, März, April, Mai 1888	923	4 Taf., 1 Doppeltaf. u. 5 Textabb.
CXVII.	1889	—	Juni, Juli, October, November, December 1888	844	3 Tafeln und 2 Kartenskizzen
CXVIII.	1889	—	Jänner, Februar, März, April, Mai 1889	710	4 Abbildungen im Texte
CXIX.	1889	—	Mai, Juni, Juli 1889	672	—
CXX.	1890	—	October, November, December 1889	671	—

A.

Abessinien: Die Quarasprache in —. III. Reinisch. CXIV. 639—688.

*****Ableitungsaffixe:** Die — der Nomina im Osmanischen. Ein Beitrag zur türkischen Grammatik. Grunzel. CXII. 741.

Abul' alâ Ma'arry: Ueber die philosophischen Gedichte des — —. Eine culturgeschichtliche Studie. Kremer. CXVII. VI.

Academici della Crusca: Vocabolario degli — —. V. Band, 3. Fascikel. CXIII. 44.

*****Acta** et diplomata monasteriorum et ecclesiarum Orientis sumtus praebente caesarea scientiarum academia Vindobonensi collecta. Miklosich und Müller. CXV. 1.

— et diplomata Graeca medii aevi sacra et profana. Miklosich und Müller. CXX, p. XX.

— Habsburgica Vaticana. I. Theil. Kaltenbrunner. CXVI. 427.

— nationis Germanicae universitatis Bononiensis 1887. Savigny-Commission. CXV. 423.

Adler, G., Professor: Die Wiederholung und Nachahmung in der Mehrstimmigkeit. CXII. 740.

Adler, Sigmund, Dr.: Die Organisation der Centralverwaltung unter Kaiser Maximilian I. CXII. 28.

*****Admont:** Das Kloster — und seine Beziehungen zur Wissenschaft und zum Unterrichte. Wichner. CXX, p. XV.

Adolf von Nassau: Beiträge zur Kritik der steyerischen Reimchronik und zur Reichsgeschichte im 13. und 14. Jahrhundert. II. Die Wahl von — —. CXIV. 9—85. III. Der Bericht über den Sturz — —. Mit 2 Kartenskizzen. Busson. CXVII. XIV.

Aegypten: Studien zur Geschichte des alten —. III. Tyros und Sidon. Krall. CXVI. 631—710.

Aequatoriale Sprachfamilie in Central-Afrika: Die — —. Müller. CXIX, p. VII. II.

Aesthetiker: Gian Vincenzo Gravina als —. Ein Beitrag zur Geschichte der Kunstphilosophie. Reich. CXX. II.

'Afarsprache: Die —. I. CXI. 2, 5—112. II. CXIII. 795—916. III. Reinisch. CXIV. 89—168.

Akademie der Wissenschaften, k., zu Berlin: ‚Politische Correspondenz Friedrichs des Grossen'. XIII. Band. CXII. 504. XIV. Band. CXIV. 86.

— der Wissenschaften, k., zu Berlin und Commission für die Savigny-Stiftung: Dankschreiben für die Zuwendung der Zinsenmasse dem Unternehmen eines Wörterbuches der classischen römischen Rechtswissenschaft. CXVII, p. VII.

— der Wissenschaften, k., zu Berlin: Mittheilung, dass der Preis von 2000 Mark aus der Diez-Stiftung dem Professor an der Universität zu Breslau Dr. Adolf Gaspary, als dem Verfasser der Geschichte der italienischen Literatur I. Band, zuerkannt worden ist. CXVII, p. IX.

— Akademie der Wissenschaften, k., in München, historische Commission: Geschichte der Wissenschaften in Deutschland, 20. Band, enthaltend die Geschichte der deutschen Historiographie von F. H. von Wegele. CXI. 2.

— der Wissenschaften und Künste, die Südslavische: Mittheilung von der am 14. Februar 1887 aus Anlass der Wiederkehr des hundertsten Todestages von Roger Boščović stattfindenden Feier. CXIV. 213.

Akademiegebäude: Remarque-Druck einer nach einem in der k. k. Belvedere-Galerie befindlichen Gemälde von Canaletto ausgeführten Radirung des —. Leisching. CXIV. 414.

Aldhelm und Baeda: Zu — —. Manitius. CXII. 535—634.

Alexiuslegenden: Die zweite Version der mittelenglischen —. Schipper. CXIV. 231—306.

*Allitteration zur Zeit Shakspere's. Kellner. CXIV. 520.

Altaische Sprachen: Die Vocalharmonie der — —. Grunzel. CXVII. III.

Altaramäische Inschrift: Eine — — von Limyra in Lycien. Sachau. CXIV. 3-7.

*Altdeutsche Idiotismen der Egerländer Mundart. Neubauer. CXIII. 613.

Altslovenische Denkmale: Zur Kritik der — —. Vondrák. CXII. 743—784.

Amari, Michele, c. M.: Gedenken seines am 16. Juli 1889 zu Florenz erfolgten Ablebens. CXX, p. V.
Anecdota Borderiana: Die — — augustinischer Sermonen. Beer. CXIII. 679—690.
Annamito-französische: Ueber das — —. Schuchardt. CXVI. 227—234.
Anthropologische Gesellschaft, die deutsche und die Wiener: Einladung zu der am 5. bis 10. August 1889 stattfindenden Versammlung. CXIX, p. XV.
*****Apastambîya** Grihiasûtra: The — —. Winternitz. Vorlage der Pflichtexemplare. CXIV. 637.
Apologie der Heilkunst: Die — — eine griechische Sophistenrede des fünften vorchristlichen Jahrhunderts. Gomperz. CXX. IX.
*****Apostelübersetzung**: Ein Beitrag zur Geschichte der — bei den Südslaven. Polivka. CXVII, p. XVIII.
Arbes, Johann: Der empirische Idealismus oder Denk- und Gefühlsidealismus (im Zusammenhange mit den Denk- und Gemüthsgefühlen). CXIV. 414.
*****Archäologisch-epigraphische** Mittheilungen aus Oesterreich-Ungarn. IX. Jahrgang, 2. Heft. CXIV. 211. Archäologisch-epigraphisches Seminar der Wiener Universität. CXII. 350; X. Jahrgang, 2. Heft. Benndorf und Bormann. CXIV. 211; XI. Jahrgang, 1. Heft. CXV. 201; Band XII, 1. Heft. Benndorf und Bormann. CXVIII, p. V.
Archäologisch-epigraphisches Seminar der Wiener Universität, Direction: Archäologisch-epigraphische Mittheilungen aus Oesterreich-Ungarn. IX. Jahrgang, 1. Heft. CXI. 412; IX. Jahrgang, 2. Heft. CXII. 350; X. Jahrgang, 2. Heft. CXIV. 211; XI. Jahrgang, 1. Heft. CXV. 201; XI. Jahrgang, 2. Heft. CXVI. 540; XII. Jahrgang, 2. Heft. CXIX, p. VII.
*****Archivalische** Zeitschrift. X. Band. Löher. CXII. 93; XI. Band. Löher. CXIV. 8; XII. Band. Reichsarchiv in München. CXVI. 144.
Archiv česky. Band VIII. Landes-Ausschuss des Königreiches Böhmen. CXVIII, p. V.
Archivs-Direction zu Stuttgart: Würtembergisches Urkundenbuch. V. Band. CXX, p. VI.
Argentinische Republik, Regierung: Conferenzia descriptiva del territorio de Missones. CXIV. 211.

Arimaspische Gedicht des Aristeas: Kritik der ältesten Nachrichten über den skythischen Norden. I. Theil: Ueber das — —. Tomaschek. CXVI. 715—780.
Aristoteles' Poetik: Zu — —. Ein Beitrag zur Kritik und Erklärung der Capitel I—VI. Gomperz. CXVI. 543—582.
***Armeniens** Polonais: Sur la langue des — —. I. Hanusz. CXIII. 691.
***Arminius-Cultus**: Zur Geschichte des — — in der deutschen Literatur. Hofmann-Wellenhof. CXII. 505.
Arneth, Alfred Ritter von, Excellenz, Präsident, w. M.: Begrüssung der Classe bei ihrer Wiedervereinigung nach den Ferien. CXI. 1.
— Mittheilung von der persönlichen Ueberreichung der Glückwunsch-Adresse der kaiserlichen Akademie an Sc. Excellenz den Curator-Stellvertreter und Ehrenmitglied der Akademie, sowie über des Jubilars wärmste Danksagungen. CXI. 1.
— Mittheilung von dem am 24. December 1885 erfolgten Ableben des c. M. Louis Prosper Gachard. CXII. 1.
— Mittheilung von dem am 24. April 1886 erfolgten Ableben des wirklichen Mitgliedes o. ö. Professor Dr. Eduard Linnemann. CXII. 425.
— Mittheilung von dem am 23. und 24. Mai 1886 zu Berlin erfolgten Ableben der beiden Ehrenmitglieder Leopold von Ranke und Georg Waitz. CXII. 687.
— Gedenken des Verlustes, welchen die Akademie und speciell die philosophisch-historische Classe durch das am 14. August 1886 erfolgte Ableben des w. M. Regierungsrathes Professors Bernhard Jülg erlitten hat. CXIII. 212.
— Gedenken des Verlustes, welchen die Akademie durch den am 6. August 1886 eingetretenen Tod des c. M. Wilhelm Scherer, Geheimer Regierungsrath und Professor in Berlin, erlitten hat. CXIII. 212.
— Begrüssung der Classe bei ihrem Wiederzusammentritt nach den Ferien. CXIII. 212.
— Gedenken des Verlustes, den die Akademie durch das am 26. December 1886 erfolgte Ableben des w. M. Hofrathes Dr. Theodor Ritter von Oppolzer erlitten hat. CXIV. 1.
— Begrüssung der Classe nach seiner längeren Abwesenheit und insbesondere des neu eingetretenen Mitgliedes Professors Schipper. CXV. 1.

Arneth, Alfred Ritter von, Excellenz, Präsident, w. M.: Dank für die ihm während seiner Krankheit bewiesene Theilnahme und Herrn Hofrath von Birk für seine Mühewaltung. CXV. 1.
— Begrüssung der Classe bei ihrem ersten Zusammentreffen nach den Ferien und insbesonders des erschienenen neugewählten Mitgliedes Herrn Professors Dr. Karabacek. CXVII, p. XIV.
— Mittheilung über den Empfang des Bureaus der Akademie von ihrem Ehrenmitgliede und Curator-Stellvertreter Sr. Excellenz Herrn Anton Ritter von Schmerling, um ihm zu seinem sechzigjährigen Staatsdienst-Jubiläum die Glückwünsche der Akademie darzubringen. CXIX, p. V.
— Begrüssung der Mitglieder der Classe bei der Wiederaufnahme der Sitzungen nach den Ferien. CXX, p. V.
— Dispacci di Germania. Venezianische Depeschen vom Kaiserhofe. I. Band. CXX, p. XI.
Arneth, Alfred und Jules Flammermont: Correspondance secrète du comte de Mercy-Argenteaux avec l'empereur Joseph II. et le prince de Kaunitz. CXX, p. XV.
*****Arpaden:** Studien zur Genealogie der —. Wertner. CXVI. 781.
Asbóth, Johann, k. u. k. Sectionsrath: Bosnien und die Herzegowina. Reisebilder und Studien. CXVIII, p. V.
Auer, Hans, Architekt, Professor: Der Tempel der Vesta und das Haus der Vestalinnen. CXIV. 415.
*****Augsburger** Allianz von 1686: Die — —. Zwiedinek-Südenhorst. CXX, p. XIX.
Augustinische Sermonen: Die Anecdota Borderiana — —. Beer. CXIII. 679—690.
Augustinische Textkritik: Beiträge zur Geschichte der — —. Vrba. CXIX. VI.
Augustinus' Contra duas epistolas Pelagianorum. Brandt. CXI. 799.
*****Avesta:** Vorlage der beiden ersten Lieferungen des im Auftrage der Akademie edirten —. Geldner. CXI. 868.
*— Vorlage der dritten, vierten und fünften Lieferung der im Auftrage der Akademie veranstalteten —. Geldner. CXVII, p. XXIII.

B.

Bachmann, A., Professor: Das deutsche Königthum und die kurfürstliche Neutralität. 1438—1448. CXVIII, p. XV.

*****Baldacci**, Anton Freiherr von: Ueber die inneren Zustände Oesterreichs. Eine Denkschrift aus dem Jahre 1816. Krones. CXVII, p. XVI.

Banntaidinge: Oesterreichische Weisthümer, VII. Band, enthaltend die — aus Niederösterreich, Viertel unter dem Wienerwalde. Winter. CXII. 687.

Barthélemy: Papiers de — ambassadeur de France en Suisse 1792—1797, welche sich auf das Jahr 1792 und den Januar bis August 1793 beziehen. CXVI. 537.

Bayer, Josef, Professor: Wahl zum Preisrichter der Grillparzer-Stiftung. CXX, p. XV.

*****Beatus** Rhenanus: Briefwechsel des — —. Horawitz. CXIII. 691.

*****Bebenhausen**: Die Cistercienser-Abtei —. Paulus. CXVI, 1.

Becker, M. A. von, Hofrath: Topographie von Niederösterreich. II. Band, 1. Heft. CXIII. 212; II. Band, 2. Heft. CXIV. 214.

— Hernstein in Niederösterreich. III. Band. CXII. 1.

Beer, Rudolf, Dr.: Die Anecdota Borderiana augustinischer Sermonen. CXIII. 612. 679—690.

— Bericht über seine mit Unterstützung der Classe für die Zwecke der Kirchenväter-Ausgabe unternommene Reise nach Spanien. CXIV. 211.

— Bericht über einen von ihm in der Bibliothek der Kathedrale von Leon (Spanien) gefundenen Palimpsest, der 'lex Romana Wisigothorum'. CXV. 93.

*****Behördenorganisation**: Die — Kaiser Ferdinands I., das Vorbild der Verwaltungsorganisation in den deutschen Territorien. Rosenthal. CXIII. 213.

Benndorf, Otto, Hofrath, Professor, w. M.: Mittheilung in Betreff des Sullanischen Senatusconsultes von Lagina. CXI. 870.

— Ueber einen Grabstein aus Halimus. CXIII. 579.

— Mittheilung betreffend die österreichischen Untersuchungen in Lagina. CXIV. 86.

— und Professor Bormann: Archäologisch-epigraphische Mittheilungen aus Oesterreich-Ungarn. IX. Jahrgang, 2. Heft. CXIV. 211.

Benndorf, Otto, Hofrath, Professor, w. M.: Mittheilung betreffend das klagende Bild der in Gestein verwandelten Niobe. CXIV. 307.
— Ueber einen in Eleusis gefundenen Marmorkopf. CXV. 201.
— Reisen in Lykien, Milyas und Kibyratis. CXVII. p. XXIX.
— Vorlage des I. Bandes griechischer Inschriften, gesammelt von J. R. Sitlington-Sterret: Papers of the American school of classical Studies at Athens, Vol. III, The Wolfe expedition to Asia minor by J. R. Sitlington-Sterret. CXVII, p. VIII.
— und Professor Bormann: Archäologisch-epigraphische Mittheilungen aus Oesterreich-Ungarn. XII. Band, 1. Heft. CXVIII, p. V.
— Das Heroon von Gjölbaschi-Trysa sammt Atlas. CXIX, p. VIII.
*Berichte des k. k. Commissärs Bartholomäus Freiherrn von Stürmer aus St. Helena zur Zeit der dortigen Internirung Napoleon Bonaparte's 1816—1818. In französischer Uebersetzung. Schlitter. CXV. 201.
Berner Bruchstück: Das älteste — — identificirt. Hauler. CXVII. IX.
*Beseitigung des Agios: Zur — —. Die Grundbegriffe des Geld- und Währungswesens. Hammer. CXVII, p. XX.
Besso, Marco: Roma nei proverbi e nei modi di dire. CXX, p. XIII.
Bethlen Gabor, Fürst von Siebenbürgen. Krones. CXI. 797.
*Bevölkerungsstatistik und Preisstatistik: Die Quellen der historischen — —. Inama. CXIII. 691.
Bhau, Daji, Dr.: The literary remains. CXV. 96.
Bibliotheca patrum latinorum Hispaniensis. Nach den Aufzeichnungen Dr. Gustav Löwe's herausgegeben und bearbeitet von Wilhelm von Hartel. CXI. 412, 415—568.
— — II. Escorial. Hartel. CXII. 161—266.
— — III. Madrid, Toletaner Handschriften der Bibliotheca nacional. Hartel. CXII. 687, 689—737.
— — IV. Nationalbibliothek in Madrid. Hartel. CXIII. 47—128.
— — V. Nationalbibliothek in Madrid. Hartel. CXIII. 215—284.
— — VI. Privatbibliothek Sr. Majestät des Königs. Hartel. CXIII. 499—578.

Bieńkowski, P., Dr.: Kritische Studien über Chronologie und Geschichte des Sertorianischen Krieges. CXVIII, p. XIX.
Bildhauer und Steinmetze in Hořic: Dankschreiben der k. k. Fachschule für — — für Ueberlassung akademischer Publicationen. CXIX, p. VIII.
*****Bilin-Sprache:** Die —. Vorlage des subventionirten Werkes. II. Theil, enthaltend das Wörterbuch. Reinisch. CXIII. 374.
Biographisches Lexikon des Kaiserthums Oesterreich. 52. Theil. Vorlage und Ansuchen um dessen Subventionirung. CXI. 868.
— Dankschreiben für die dem 52. Theile des — — gewährte Subvention. Wurzbach. CXII. 1.
*— Ansuchen um Subventionirung des 53. Bandes. Wurzbach. CXIII. 44.
— Dankschreiben für die dem 53. Bande des — — zu Theil gewordene Subvention. Wurzbach. CXIII. 793.
*— Vorlage des 54. Bandes behufs Subventionirung. Wurzbach. CXIV. 213.
*— Dankschreiben für die dem 54. Bande des — — gewährte Subvention. Wurzbach. CXIV. 377.
— Ansuchen um Subvention des 55. Theiles. Wurzbach. CXV. 2.
— Dankschreiben für die dem 55. Theile des — — zu Theil gewordene Subvention. Wurzbach. CXV. 421.
*— Subventionsansuchen für den vorgelegten 56. Theil. Wurzbach. CXVII, p. IX.
— Subventionsansuchen für den 57. Theil des — —. Wurzbach. CXVIII, p. XV.
— Dankschreiben für die dem 57. Theile des — — gewährte Subvention. Wurzbach. CXVIII, p. XX.
Birk, Ernst Ritter von, Hofrath, w. M., Alterspräsident: Monumenta conciliorum generalium seculi decimi quinti, enthaltend Joannis de Segovia historia gestorum generalis synodi Basiliensis. CXIII. 1.
— Mittheilung von dem am 18. Mai 1887 in Döbling erfolgten Ableben des w. M. Dr. August Pfizmaier. CXIV. 383.
— Mittheilung von dem am 18. Mai 1887 zu Paris erfolgten Ableben des c. M. Mr. François Xavier Francisque-Michel. CXIV. 414.

Birk, Ernst Ritter von, Hofrath, w. M., Alterspräsident: Mittheilung von dem am 5. Juli 1887 in Halle a. S. erfolgten Ableben des c. M. Geheimer Regierungsrath und Professor Dr. August Friedrich Pott. CXIV. 689.
Bischoff, J., Regierungsrath, c. M.: Das Pettauer Stadtrecht vom Jahre 1376 nebst dem Text. CXIII. 692, 695—744.
*****Blutrache**: Die — bei den Slaven. Miklosich. CXIV. 1.
Bochnia, Direction des k. k. Gymnasiums: Dankschreiben für Ueberlassung akademischer Publicationen. CXVI. 713.
— Dankschreiben für die der Anstalt zugewendeten akademischen Schriften. CXVII, p. V.
*****Böhmische** Landtagsverhandlungen und Landtagsbeschlüsse: Die — — vom Jahre 1526 bis auf die Neuzeit. IV. Band. 1574—1576. Landesausschuss. CXII. 350.
Böhtlingk, Otto von: Festgruss an — — zum Doctorjubiläum 3. Februar 1888 von seinen Freunden. v. Roth. CXVI. 426.
*****Boleslaw** II. von Polen: König — —. Pichler. CXIX, p. XIV.
Bonaparte, Roland prince: Les récents voyages des Néerlandais à la Nouvelle-Guinée. CXII. 93.
Bonitz, Hermann, Geheimer Oberregierungsrath, c. M.: Gedenken des Verlustes, den die Akademie durch sein am 25. Juli 1888 in Berlin erfolgtes Ableben erlitten hat. CXVII, p. XIV.
Borch, L. Freiherr von: Ein fehlerhafter Lehenbrief Sigmunds. CXI. 797.
*****Borja**: Don Rodrigo de — (Papst Alexander VI.) und seine Söhne, Don Pedro Louis, erster, und Don Juan, zweiter Herzog aus dem Hause Borja. CXV. 197.
Bormann und Hofrath Benndorf: Archäologisch-epigraphische Mittheilungen aus Oesterreich-Ungarn. XII. Band, 1. Heft. CXVIII, p. V.
Boscovič, Roger: Mittheilung von der am 14. Februar 1887 aus Anlass der Wiederkehr des hundertsten Todestages von — — stattfindenden Feier. CXIV. 213.
Bosnien und die Herzegowina. Reisebilder und Studien von Johann Asbóth. CXVIII, p. V.
*****Bosquejo** geográfico ó historical-naturel del Archipelago Filipino, por Don Ramon Jordana y Morera. CXI. 2.
Boué, Ami: Die europäische Türkei. Boué-Stiftungscommission. CXIX, p. IX.

Boué-Stiftungscommission: Die europäische Türkei von Ami Boué. CXIX, p. IX.

Brandes, Ch.: Corpus scriptorum ecclesiasticorum latinorum, enthaltend Poëtae christiani minores. Pars I. CXV. 1.

Brandl, Vincenz: Codex diplomaticus et epistolaris Moraviae. XI. Band. CXI. 798.

Brandt, S., Professor: ‚Augustinus' Contra duas epistolas Pelagianorum'. CXI. 799.

— — Die dualistischen Zusätze und die Kaiseranreden bei Lactantius. Nebst Bemerkungen über das Leben des Lactantius und die Entstehungsverhältnisse seiner Prosaschriften. I. Die dualistischen Zusätze. CXVIII, p. XVII. VIII.

— — II. Die Kaiseranreden. CXIX, p. V. I.

— — III. Ueber das Leben des Lactantius. CXX, p. IX. V.

Brentano, Friedrich Freiherr von, Feldmarschall-Lieutenant, Grosskreuz des Maria Theresienordens: Eine militärische Lebensskizze. CXIV. 377.

* — Josef Anton von, Feldmarschall-Lieutenant, Grosskreuz des Maria Theresienordens: Eine militärische Lebensskizze. Brentano. CXIV. 377.

Bruchstücke: Neue — zu Sallust's Historien. Hauler. CXIII. 615—690.

***Brucker** Landtag: Der — — des Jahres 1572. Mayer. CXVII, p. XII.

Bruder, Adolf, Dr.: Studien über die Finanzpolitik Herzogs Rudolfs IV. von Oesterreich. CXI. 645.

Brueckner, A., Dr.: Ornament und Form der attischen Grabstelen. CXII. 426.

— Von den griechischen Grabreliefs auf Grund des akademischen Apparates entstanden. Mit 1 Doppeltafel und 5 Textabbildungen. CXVI. 453, 501—536.

Brugsch, Heinrich, Professor, c. M.: Dankschreiben für seine Wahl zum correspondirenden Mitgliede im Auslande. CXVII, p. XIV.

Brunn, von, Professor, c. M.: Dankschreiben für seine Wahl zum correspondirenden Mitgliede. CXIII. 212.

— Dankschreiben für seine Wahl zum Ehrenmitgliede. CXV. 1.

Buch'sche Glosse: Die Entwicklung der Landrechtsglosse des Sachsenspiegels. IX. Die Ueberlieferung der — —. Steffenhagen. CXIV. 691—739.

Bucher, Bruno: Die alten Zunft- und Verkehrsordnungen der Stadt Krakau. CXVIII, p. XXI—XXII.
Bücheler, Franz, Professor, c. M.: Dankschreiben für seine Wahl zum correspondirenden Mitgliede. CXVII, p. XXVI.
Büdinger, Max, Professor, w. M.: Acten zu Columbus' Geschichte von 1473 bis 1492, eine kritische Studie. CXII. 505, 635—686.
— Der Patriciat und das Fehderecht in den letzten Jahrzehnten der römischen Republik, eine staatsrechtliche Untersuchung. CXIII. 213.
— Zeit und Schicksal bei Römern und Westariern, eine universalhistorische Studie. CXIII. 579, 581—611.
— Ueber neue Quellen und Hilfsmittel zu Columbus' Vorgeschichte. CXIV. 1.
— Ueber Savoneser Columbus-Urkunden. CXV. 423.
Bühler, G., Professor, w. M.: Begrüssung desselben als neu eingetretenes Mitglied durch den Präsidenten. CXI. 1.
— Ueber eine neu aufgefundene Inschrift des Königs Dharasena IV. von Valabhî. CXI. 1036, 1037—1056.
— Ueber eine neue Inschrift des Gurjara-Königs Dadda II. von Broach. CXIV. 86, 169—209.
— Eine Sendraka-Inschrift aus Gujarat. CXIV. 215, 217—230.
— und Professor Dr. Th. Zachariae: Ueber das Navasâhasânkacharita des Dichters Padmagupta, genannt Parimala. CXVI. 541, 583—630.
— Eine vorläufige Notiz über neue Materialien zur Bearbeitung der Felsenedicte Aśoka's. CXVII, p. XIII.
— Ueber das Leben des Jaina-Mönches Hemachandra, des Schülers des Devachandra. CXVII, p. XXX.
— Ueber das Sukṛitasainkîrtana des Arisiinha und des Amarapaṇḍita. CXIX, p. XI. VII.
Burkhard, Karl, Dr., Gymnasialdirector: Ergänzung zweier in seiner Ausgabe der Kaçmirer Handschrift (Sitzungsberichte Band CVII, 1884, S. 482) erwähnten beiden Lücken aus einer ihm von Dr. E. Hultsch zugekommenen zweiten Çakuntala-Handschrift. CXIV. 371, 373—374.
Busson, Arnold, Professor, c. M.: Beiträge zur Kritik der steyerischen Reimchronik und zur Reichsgeschichte im 13. und 14. Jahrhundert. I. Der falsche Friedrich. CXI. 2, 381—411.
— — II. Die Wahl Adolfs von Nassau. CXIV. 8, 9—85.

Busson, Arnold, Professor, c. M.: Die Sage von Max auf der Martinswand und ihre Entstehung. CXVI. 426, 455—500.
— Beiträge zur Kritik der steyerischen Reimchronik und zur Reichsgeschichte im 13. und 14. Jahrhundert. III. Der Bericht über den Sturz Adolfs von Nassau. Mit 2 Kartenskizzen. CXVII, p. XXIX. XIV.

C.

*Canti popolari del Piemonte. Nigra. CXVIII, p. XXI.
*Carminum christianorum versio palaeoslovenico-rossica. Jagić. CXV. 440.
*Carteggio di Vittoria Colonna, Marchesa di Peschara. Müller und Ferrero. CXVII, p. XXVIII.
*Cassian's Werke. II. Band. Corpus scriptorum ecclesiasticorum latinorum. XIII. Band. Petschenig. CXI. 868.
Cassiodorius Senator: Zu — —. Stangl. CXIV. 405—413.
*Catalog der Ornamentenstichsammlung des Museums für Kunst und Industrie. CXVIII, p. XXI.
Čelakovsky, Jaromir, Dr.: ‚Codex juris municipalis bohemici', enthaltend privilegia civitatum Pragensium. CXII. 3.
Central-Commission, k. k., für Kunst- und historische Denkmale: Mittheilungen über ein von Dr. v. Ottenthal zusammengestelltes Verzeichniss ungedruckter oder ungenügend publicirter Tirolischer Weisthümer und von ihm und Dr. Redlich im Jahre 1889 bei verschiedenen Gemeinden constatirten dergleichen Urkunden. CXX, p. XXI.
*Central-Verwaltung: Die Organisation der — unter Kaiser Maximilian I. Adler. CXII. 28.
Charaktere Theophrast's: Ueber die — —. Gomperz. CXVII. X.
*Chartularium universitatis Parisiensis. Denifle und Chatelain. CXX, p. XIX.
Chatelain, E. und H. Denifle: Chartularium universitatis Parisiensis. CXX, p. XIX.
Chezelles, M., l'abbé: La divine épopée. La France ou le soldat du ciel. CXIX, p. X.
*China and the Roman Orient. Hirth. CXII. 2.
*Chinesen: Die elegische Dichtung der —. Pfizmaier. CXIV. 381.
Chinesische Begründung der Taolehre. Pfizmaier. CXI. 801—867.

*Chinesische Dichter: Der — — Pe-lö-thien. Pfizmaier. CXII. 350.

Christomanos, Constantin A.: Γενεαλογικα Μελετηματα. CXVI. 1.

Christoph Columbus: Mit photographischen Abbildungen versehener Bericht der k. spanischen Gesandtschaft in Wien über die im Jahre 1886 erfolgte Errichtung eines Denkmals für — —. CXIV. 371.

*Cimabue und Rom: Funde und Forschungen zur Kunstgeschichte und Topographie der Stadt Rom. Subventionsansuchen. Strzygowski. CXIV. 521.

— — Vorlage der Pflichtexemplare der mit Unterstützung der kaiserlichen Akademie erschienenen Schrift — —. Strzygowski. CXV. 2.

*Cistercienser-Abtei Bebenhausen: Die — —, bearbeitet von E. Paulus. CXVI. 1.

*Clarissenkloster Paradeis: Geschichte des — — zu Judenburg in Steiermark. Wichner. CXVI. 537.

*Codex diplomaticus et epistolaris Moraviae. Band XI. Brandl. CXI. 798.

*— juris Bohemici. Tomi 2 pars 3. Jireček. CXX, p. XVIII.

*— juris municipalis bohemici, enthaltend privilegia civitatum Pragensium. Čelakovsky. CXII. 3.

*Colloquia des Erasmus von Rotterdam: Ueber die — —. Horawitz. CXIV. 213.

*Columbus: Ueber neue Quellen und Hilfsmittel zu —. Vorgeschichte. Büdinger. CXIV. 1.

— Geschichte: Acten zu — — von 1473—1492, eine kritische Studie. Büdinger. CXII. 635—686.

*— -Urkunden: Ueber Savoneser — —. Büdinger. CXV. 423.

*Commercialpolitik: Handel und Verkehr in Ungarn und Polen um die Mitte des 18. Jahrhunderts. Ein Beitrag zur Geschichte der österreichischen —. Fournier. CXIII. 793.

*— Eine amtliche Handlungsreise nach Italien im Jahre 1754. Ein neuer Beitrag zur Geschichte der österreichischen —. Fournier. CXVI. 711.

Concilien-Commission: Vorlage der ersten Hälfte des III. Bandes der Monumenta conciliorum generalium seculi decimi quinti, enthaltend Joannis de Segovia historia gestorum generalis synodi Basiliensis von Ernst Birk. CXIII. 1.

Concordia, Vorstand und Ausschuss des Journalisten- und Schriftsteller-Vereines: Mittheilung von der Wahl des Professors Josef Bayer zum Preisrichter der Grillparzer-Stiftung. CXX, p. XV.

***Conferencia** descriptiva del territorio de Missones. CXIV. 211.

***Convent** zu Nizza: Ueber den — — und die Zusammenkunft in Aiguesmortes 1538; vorzüglich nach venetianischen Quellen. Ein Beitrag zur Geschichte Karls V. Stich. CXII. 422.

Conze, Alexander, c. M.: Bericht über die Arbeiten zur Herausgabe der attischen Grabreliefs im Jahre 1888 und bis 1. April 1889. CXVIII, p. XVIII.

***Corpus** scriptorum ecclesiasticorum latinorum. XIII. Band. Cassian's Werke. II. Band. Petschenig. CXI. 868.

*— — XIV. Band, enthaltend die Werke des Lucifer Calaritanus in der Bearbeitung des w. M. von Hartel. CXII. 267.

*— — XII. Band, enthaltend S. Augustini liber qui appellatur speculum et liber de divinis scriptoris sive speculum quod fertur S. Augustini. Weihrich. CXIV. 1.

*— — enthaltend Poetae christiani minores pars I in der Bearbeitung der Herren M. Petschenig, R. Ellis, Ch. Brandes und C. Schenkl. CXV. 1.

*— — Vorlage des XV. Bandes des — —, enthaltend Commodiani carmina ex recensione Bernhardi Dombart. CXV. 93.

*— — XVII. Band, enthaltend pars I von Johannis Cassiani opera in der Ausgabe des Michael Petschenig. CXVI. 781.

*— — XVIII. Band. Priscilliani quae supersunt. Schepps. CXVII, p. XXII.

*— — XX. Band, enthaltend Quinti Septimi Florentis Tertulliani opera ex recensione A. Reifferscheid et G. Wissowa, pars I. CXX, p. XV.

***Correspondance** secrète du comte de Merci-Argenteaux avec l'empereur Joseph II et le prince de Kaunitz. Arneth und Flammermont. CXX, p. XV.

***Correspondenzbücher**: Aus den — des Bischofs Sixtus von Freising, 1474—1495. Mayer, Franz Martin. CXII. 350.

Crnojević: Die serbischen Dynasten —. Ein Beitrag zur Geschichte von Montenegro. Miklosich. CXII. 29—92.

Culturgeschichte: Studien zur vergleichenden —, vorzüglich nach arabischen Quellen. Kremer. CXX. III.

— — III. und IV. Kremer. CXX. VIII.

*Culturgeschichte in Oesterreich-Ungarn: Zur — —. (1848 bis 1888.) Wolf. CXVII, p. XXIV.

Curatorium der kaiserlichen Akademie der Wissenschaften: Mittheilung, dass Se. k. u. k. Hoheit der durchlauchtigste Herr Curator die feierliche Sitzung am 29. Mai 1886 mit einer Ansprache eröffnen werden. CXII. 504; CXIV. 381; CXVI. 781; CXIX, p. VII.

— der Schwestern Fröhlich-Stiftung: Kundmachung wegen Einreichung von Stipendien- und Pensionsgesuchen. CXIV. 381.

— — Kundmachung betreffend die Verleihung von Stipendien und Pensionen an Künstler und Gelehrte. CXVII, p. VII.

— — Kundmachung betreffend die im Jahre 1889 stattfindende Verleihung von Stipendien und Pensionen der Stiftung. CXIX, p. VIII.

Curtius, Georg, Professor, ausl. Ehrenmitglied: Gedenken des Verlustes der Akademie durch sein am 12. August 1885 in Leipzig erfolgtes Ableben. CXI. 1.

Czerny, Albin: Aus dem Briefwechsel des grossen Astronomen Georg von Peurbach, zehn neu aufgefundene Briefe sammt Commentar aus einem Codex des Klosters Wilhering. CXIV. 415.

— Leben und Schriften des Hofcaplans und Geschichtsschreibers Kaiser Maximilians I. Josef Grünpeck. CXV. 441.

Czörnig, Karl Freiherr von, c. M.: Gedenken seines am 5. October 1889 zu Görz erfolgten Ablebens. CXX, p. V.

D.

Delisle, Leopold, Director des Departements der Manuscripte in der Nationalbibliothek zu Paris, Ehrenmitglied: Dankschreiben für seine Wahl zum Ehrenmitgliede. CXV. 1.

— L'Evangéliaire de Saint-Vaast d'Arras et la calligraphie Franco-Saxonne du IXe siècle. CXVII, p. XXIV.

Denifle, P., Heinrich, Unterarchivar des heil. Stuhles in Rom, c. M.: Dankschreiben für seine Wahl zum correspondirenden Mitgliede. CXVII, p. XVIII.

— und E. Chatelain: Chartularium universitatis Parisiensis. CXX, p. XIX.

*Denkmäler: Ausgewählte — zur Geschichte des deutschen Rechtes in Polen. I. Das älteste Stadtbuch von Biecz. Ulanowski. CXVII, p. XXVII.
*Denkschrift: Die Kaiser Ferdinands-Nordbahn. Eine anlässlich ihres fünfzigjährigen Bestandes verfasste —. CXIV. 414.
Deutsche Kaiserpolitik: Zur — — Oesterreichs. Ein Beitrag zur Geschichte des Revolutionsjahres 1795. Zeissberg. CXVIII. VII.
*— Königthum: Das — — und die kurfürstliche Neutralität 1438—1448. Bachmann. CXVIII, p. XV.
— Rechtshörer in Italien: Quellen zur Geschichte — —. I. In italienischen Archiven und Sammlungen. Luschin-Ebengreuth. CXIII. 745—792; CXIV. 740.
Devendranath Dhar: Wall map of India in Hindi. CXX. p. XI.
Dharasena IV. von Valabhi: Ueber eine neu aufgefundene Inschrift des Königs — —. Bühler. CXI. 1036, 1037 bis 1056.
Diez-Stiftung: Zuerkennung des Preises von 2000 Mark an den Professor Dr. Adolf Gaspary an der Universität in Breslau als Verfasser der Geschichte der italienischen Literatur, I. Band. CXVII, p. IX.
*Dispacci di Germania. Venezianische Depeschen vom Kaiserhofe. I. Band. Arneth. CXX, p. XI.
*Divina Commedia sammt Commentar von Talice de Ricaldone. CXIII. 691.
Dombart, Bernhard: Commodiani carmina. XV. Band des Corpus scriptorum ecclesiasticorum latinorum. CXV. 93.
Drohobycz, Direction des k. k. Obergymnasiums zu —: Dankschreiben für die Ueberlassung akademischer Publicationen. CXI. 643.
Dualistische Zusätze: Die — — und die Kaiseranreden bei Lactantius. Nebst Bemerkungen über das Leben des Lactantius und die Entstehungsverhältnisse seiner Prosaschriften. I. Die — —. Brandt. CXVIII. VIII.
— — II. Die Kaiseranreden. Brandt. CXIX, p. V. I.
— — III. Ueber das Leben des Lactantius. Brandt. CXX. V.
Dudik, P. Beda, Landeshistoriograph, c. M.: Mährens allgemeine Geschichte, XI. Band, sammt dem hiezu gehörigen Index. CXIII. 613.

Dudík, Beda, Dr., c. M.: General-Register und Nachschlagebuch zu den ersten zehn Bänden der von dem Landeshistoriographen — — verfassten und von dem Lande herausgegebenen Geschichte Mährens. CXV. 1.
— Mährens allgemeine Geschichte. XX. Band. CXVIII, p. VII.
Dvořák, Rudolf, Dr.: Ḥusn u dil (Schönheit und Herz), persische Allegorie von Fattâḥî aus Nîsâpûr, herausgegeben, übersetzt, erklärt und mit Lâmi'î's türkischer Bearbeitung verglichen. CXVIII, p. V. IV.

E.

Eberstein, Freiherr von, k. preussischer Ingenieur-Hauptmann a. D.: Entwurf einer zusammenhängenden Stammreihe des freifränkischen Geschlechtes Eberstein sammt einer sechsten Folge urkundlicher Nachträge. CXVII, p. XXVIII.
Egger, Josef und V. Zingerle: Tirolische Weisthümer, enthaltend Burggrafenamt und Etschthal. CXV. 441.
Ehrenfels, Christian, Freiherr von, Dr.: Metaphysische Ausführungen im Anschlusse an Emil du Bois-Reymond. CXII. 423, 429—503.
— Ueber Fühlen und Wollen. Eine psychologische Studie. CXIV. 215, 523—636.
***Einnahmebudget** des Abbasidenreiches: Ueber das — — vom Jahre 306 H. (918—919.) Kremer. CXIV. 383.
Einsiedeln, Stift: Eine Sammlung der Schulprogramme. CXI. 2.
Einwirkung des Türkischen: Ueber die — — auf die Grammatik der südosteuropäischen Sprachen. Miklosich. CXX. 1.
Eitelberger-Denkmal: Uebermittlung einer aus Anlass der am 4. November 1887 erfolgten Enthüllung des — geprägten Medaille in Silber. CXV. 201.
***Elegische** Dichtung: Die — — der Chinesen. Pfizmaier. CXIV. 381.
Elemente im türkischen Sprachschatze: Die slavischen, magyarischen und rumunischen — —. Miklosich. CXVIII. V.
Ellis, R.: Corpus scriptorum ecclesiasticorum latinorum, enthaltend Poëtae christiani minores. Pars I. CXV. 1.

*Empirische Idealismus: Der — — oder Denk- und Gefühlsidealismus (im Zusammenhange mit den Denk- und Gemüthsgefühlen). Arbes. CXIV. 414.

*Epigraphische Denkmäler aus Arabien nach Abklatschen und Copien des Professors Euting. Müller David H. CXVI. 714.

Epiktetische Fragmente: Die — —. Eine Untersuchung zur Ueberlieferungsgeschichte der griechischen Florilegien. Schenkl. CXV. 443—546.

*Erasmiana V. Horawitz. CXVIII, p. VIII.

*Ergebnisse der Expeditionen des Grafen Dr. Karl Lanckoroński: Mittheilungen über die — — nach Pamphylien und die hierüber in Vorbereitung begriffenen Publicationen. Hartel. CXII. 28.

*Erwerbung Siebenbürgens: Die — — durch Kaiser Ferdinand I. im Jahre 1551 und Bruder Georgs Ende. Huber. CXIX, p. XV.

*Erzherzog Carl und die zweite Coalition bis zum Frieden von Lunéville (1798—1801). Wertheimer. CXI. 413.

*— — und Prinz Hohenlohe-Kirchberg. Ein Beitrag zur Geschichte des Feldzuges in die Champagne. Zeissberg. CXVI. 540.

*— Philipps von Oesterreich, Herzogs von Burgund, Prinzen von Spanien Reise zur Huldigung der Castilianer in Toledo, 22. Mai, der Aragonesen in Saragossa, 27. October 1502. Höfler. CXV. 421.

Escorial: Bibliotheca patrum latinorum Hispaniensis II. im —. Nach den Aufzeichnungen Dr. Gustav Loewe's herausgegeben und bearbeitet von Wilhelm v. Hartel. CXII. 161—266.

*Essai sur l'échelle musicale comme loi de l'harmonie dans l'univers et dans l'art, 1881, und ‚La loi de l'harmonie dans l'art grec et son application à l'architecture moderne, 1888'. Swiécianowski. CXVII, p. XXII.

*Estienne, Henri: Deux dialogues du nouveau langage françois italianizé. Ristelhuber. CXIV. 215.

Estnische Gesellschaft in Dorpat: Vorstands-Dankschreiben für die Theilnahme an der Feier ihres 50jährigen Bestandes. CXVII, p. VIII.

*Ethnographie und Anthropologie: Beiträge zur — — der Somâl, Galla und Harari, 1886, das Ergebniss seiner letzten wissenschaftlichen Reise in Ostafrika. Paulitschke. CXIII. 612.

*Ethnographische Uebersichtskarte von Europa: Subventions-
ansuchen zur Herausgabe einer — —. Haardt. CXVII,
p. XX.
*Etymologisches Wörterbuch der slavischen Sprachen: Miklo-
sich. CXII. 3.
*Euphronios: Eine Studie zur Geschichte der Malerei. II. Auflage.
Klein. CXII. 740.
*Euripides: Eine vermeintliche Tragödie des — und ein Papyrus
der Sammlung des Erzherzogs Rainer. Gomperz. CXII.
158.
*Europäische Türkei: Die — — von Ami Boué. CXIX, p. IX.
*Euthymius: Handschriftliche Beiträge zu den Werken des bul-
garischen Patriarchen —. Kalužniacki. CXIX, p. XIII.
Euting, Professor: Epigraphische Denkmäler aus Arabien nach
Abklatschen und Copien des Herrn —. Müller David H.
CXVI. 714.
*Evangelienhandschriften: Die ältesten — der Universitätsbiblio-
thek. Schepps. CXIV. 375.
*Evgippii vita S. Severini. VIII. Band, 2. Theil. Knöll. CXII.
505.

F.

Falsche Friedrich: Der — —. Beiträge zur Kritik der steierischen
Reimchronik und zur Reichsgeschichte im 13. und 14. Jahrhundert. I. Busson. CXI. 2, 381—411.
Familien-Fideicommissbibliothek, k. k. Direction: Dankschreiben
für Ueberlassung akademischer Schriften. CXV. 440.
Feierliche Sitzung: Mittheilung, dass Se. kaiserl. Hoheit der
durchlauchtigste Herr Curator die — — am 29. Mai 1886
mit einer Ansprache eröffnen werden. CXII. 504; CXIV.
381; CXVI. 781.
*Feldzüge des Prinzen Eugen von Savoyen: Die — —. XII.
und XIII. Band. Kriegsarchiv. CXVI. 1.
*— — XIV. Band oder spanischer Successionskrieg, Feldzug
1712. Siegler. CXVIII, p. XXII.
*Felsenedicte Ašoka's: Eine vorläufige Notiz über neue Mate-
rialien zur Bearbeitung der — —. Bühler. CXVII, p. XIII.
Ferrero und Professor Josef Müller: Carteggio di Vittoria Colonna, Marchesa di Pescara. CXVII, p. XXVIII.

Fiedler, Josef Ritter von, Hof- und Ministerialrath, w. M., Alterspräsident: Mittheilung, dass am 27. Jänner 1887 das c. M. Prof. Dr. Wilhelm Henzen in Rom verstorben ist. CXIV. 211.

***Finanzpolitik**: Studien über die — Herzogs Rudolfs IV. von Oesterreich. Bruder. CXI. 645.

Flammermont, Jules und Alfred von Arneth: Correspondance secrète du comte de Mercy-Argenteau avec l'empereur Joseph II et le prince de Kaunitz. CXX, p. XV.

***Formula** Fabiana: Fragmentum de — —. Pfaff und F. Hofmann. CXVII, p. VII.

Forstemann, E.: Erläuterungen zur Mayahandschrift der k. Bibliothek zu Dresden. CXII. 425.

Foucart, M. Paul: Schreiben in Betreff des Senatusconsultum von Lagina. CXII. 94.

Foucher de Careil, Graf: Hegel und Schopenhauer, ihr Leben und Wirken, aus dem Französischen ins Deutsche übersetzt von J. Singer. CXVII, p. XIII.

Fournier, August, Professor: Handel und Verkehr in Ungarn und Polen um die Mitte des 18. Jahrhunderts. Ein Beitrag zur Geschichte der österreichischen Commercialpolitik. CXIII. 793.

— Eine amtliche Handlungsreise nach Italien im Jahre 1754. Ein neuer Beitrag zur Geschichte der österreichischen Commercialpolitik. CXVI. 711.

***Francis** Bacon's Forschungstheorie. Ein Beitrag zur Geschichte der Philosophie und Erkenntnisslehre. Pajk. CXX, p. XIII.

Francisque-Michel, François Xavier, c. M.: Mittheilung von seinem am 18. Mai 1887 in Paris erfolgten Ableben. CXIV. 414.

Franz Josefs-Universität, k. ungarische zu Klausenburg: Dankschreiben für die Ueberlassung akademischer Schriften. CXII. 93.

Französische Botschaft: Recueil des instructions données aux ambassadeurs et ministres de France depuis les traités de Westphalie jusqu'à la révolution française, II. Suède, avec une introduction et des notes par A. Geffroy und Correspondance politique de M. M. de Castillon et de Marillac, ambassadeurs de France en Angleterre (1537—1542), publiée par M. Jean Kaulek. CXII. 93.

— Regierung: Recueil des instructions données aux ambassadeurs et ministres de France depuis les traités de Westphalie jusqu'à la révolution française: betreffend Portugal. CXIV. 381.

Französische Republik: Recueil des instructions données aux ambassadeurs et ministres de France depuis les traités de Westphalie jusqu'à la révolution française. Rome, tome I (1648—1687); Pologne, tome I et II (1648—1794); Correspondance politique de Odet de Selve, ambassadeur de France en Angleterre 1546—1549, und Papiers de Barthélemy, ambassadeur de France en Suisse 1792—1797. CXVII, p. XXVI.

— Unterrichts-Ministerium: Inventaire général des richesse d'arts de la France. IX. Band. (Monuments religieux II.) CXVII, p. XXX.

Freiberg, Gymnasial-Direction: Dankschreiben für Zuwendung von akademischen Schriften. CXX, p. V.

*****Freidank's** Bescheidenheit: Mittelhochdeutsche Dichtung in ihrer Beziehung zur biblisch-rabbinischen Literatur. 1. Heft: — —. Gelbhaus. CXIX, p. XII.

Friedländer, Dr.: Geschichtsbilder aus der nachtalmudischen Zeit. III. Bändchen. CXI. 1036; IV. Theil. CXIII. 691.

Friess, Edmund, Professor: Das Todtenbuch des Benedictiner-Nonnenstiftes St. Erentrud auf dem Nonnberge in Salzburg. CXI. 3.

— — Die Todtenbücher der deutsch-österreichischen Alpenländer mit Auszügen aus den bisher ungedruckten Nekrologien von Göttweig, Kremsmünster, Lambach, Traunkirchen, Ossiach und Milstadt. CXI. 3.

Fröhlich-Stiftung, Curatorium der Schwestern — —: Kundmachung wegen Einreichung von Stipendien- und Pensionsgesuchen. CXIV. 381.

— — Kundmachung betreffend die Verleihung von Stipendien und Pensionen an Künstler und Gelehrte. CXVII, p. VII.

— — Kundmachung betreffend die im Jahre 1889 stattfindende Verleihung von Stipendien und Pensionen der Schwestern — —. CXIX, p. VIII.

*****Frowila** von Oesterreich: König Peter von Ungarn und seine Familie mit besonderer Rücksicht auf die Markgräfin — —. Wertner. CXV. 2.

Frühchristliche Dichter im Mittelalter: Beiträge zur Geschichte — —. Manitius. CXVII. XII.

Fühlen und Wollen: Ueber — —. Eine psychologische Studie. Ehrenfels. CXIV. 523—636.

Fuldaer Glossenhandschrift: VI. Abhandlung der ‚Entwicklung der Landrechtsglosse des Sachsenspiegels'. Steffenhagen. CXI. 412, 603—642.

G.

Gachard, Louis Prosper, c. M.: Mittheilung von seinem am 24. December 1885 erfolgten Ableben. CXII. 1.

*Galizische Mittelschulen: Bericht über den Stand der — — in den Schuljahren 1875—1883. (I. und II. Theil.) Landesschulrath. CXII. 3.

Gaspari, Adolf, Professor: Zuerkennung des Preises der Diez-Stiftung von 2000 Mark an — als den Verfasser der ‚Geschichte der italienischen Literatur'. I. Band. CXVII, p. IX.

Gautsch von Frankenthurn, Dr., Minister für Cultus und Unterricht: Begrüssung des Präsidenten der Akademie und Ersuchen um ein freundliches Entgegenkommen in Erfüllung seiner Berufspflichten. CXI. 797.

Gebetbuch: Das deutsche — König Albrechts II. in Melk. Studien zur Geschichte der Miniaturmalerei in Oesterreich. V. Neuwirth. CXIII. 188—194.

*Gebler und Nicolai, ungedruckte Briefe aus den Jahren 1771 bis 1786 nebst Erläuterungen. Werner. CXIV. 521.

Gegenreformation: Die — und der Aufstand in Oberösterreich im Jahre 1626. Gindely. CXVIII. VI.

Gelbhaus, Dr.: Mittelhochdeutsche Dichtung in ihrer Beziehung zur biblisch-rabbinischen Literatur. I. Heft: Freidank's Bescheidenheit. CXIX, p. XII; II. Heft. CXX, p. XVIII.

Gelcich, Eugen, Director: Zwei Briefe über die Maghellanische Weltumseglung. CXVIII, p. XXII. CXIX. IV.

Geldner, Carl, Professor: Vorlage der im Drucke vollendeten beiden ersten Lieferungen des im Auftrage der kais. Akademie edirten ‚Avesta'. CXI. 868.

— Uebergabe der dritten, vierten und fünften Lieferung seiner im Auftrage der kais. Akademie veranstalteten Avesta-Ausgabe. CXVII, p. XXIII.

Genealogie der Arpaden: Studien zur — —. Wertner. CXVI. 781.

*Γενεαλογικα Μελετηματα. Christomanos. CXVI. 1.

Geographische Gesellschaft in Wien, k. k.: Einladung zu der am 27. November 1889 zu Ehren der Afrikaforscher Graf Teleki und Linienschiffs-Lieutenant Ritter von Höhnel stattfindenden ausserordentlichen Versammlung. CXX, p. XVI.
— Namenbuch von Oesterreich-Ungarn. Umlauft. CXI. 799.
Geometrische Methode des Spinoza: Ueber die — —. Wahle. CXVI. 431—452.
*****Georg** von Peurbach: Aus dem Briefwechsel des grossen Astronomen — —, zehn neu aufgefundene Briefe aus einem Codex des Klosters Wilhering. Czerny. CXIV. 415.
Gerbert und die Rechenkunst des 10. Jahrhunderts. Nagl. CXVI. 861—922.
*****Geschichte** der Wissenschaften in Deutschland. XX. Band, enthaltend die Geschichte der deutschen Historiographie von F. X. von Wegele. CXI. 2.
*****Geschichtsbilder** aus der nachtalmudischen Zeit. III. Bändchen. Friedländer. CXI. 1036; CXIII. 691.
Geyer, Rudolf, Dr.: Das Kitâb al-wuhûš von al'-Aṣma'i, mit einem Paralleltexte von Quṭrub. CXV. 97, 353—420.
Gian Vincenzo Gravina als Aesthetiker. Ein Beitrag zur Geschichte der Kunstphilosophie. Reich. CXX. II.
Giesebrecht, Friedrich Wilhelm Benjamin, Geheimrath, E.-M.: Dankschreiben für seine Wahl zum Ehrenmitgliede. CXIII. 212.
— Ausdruck der Trauer über sein am 18. December 1889 zu München erfolgtes Ableben. CXX, p. XXI.
Gindely, Anton, Professor, w. M.: Die Gegenreformation und der Aufstand in Oberösterreich im Jahre 1626. CXVIII, p. XV. VI.
Globus des Johannes Schöner: Der verschollene — — von 1523 wieder aufgefunden und kritisch beleuchtet. Wieser. CXVI. 540. CXVII. V.
Glossae spiritales secundum Eucherium episcopum. Wotke. CXV. 425—439.
*****Glossenhandschriften** des Sachsenspiegels: Nachtrag zum Verzeichniss der — —. Steffenhagen. CXVI. 424.
Glossenprolog: Der —. Die Entwicklung der Landrechtsglosse des Sachsenspiegels. VII. Steffenhagen. CXIII. 3—43.
Glückseligkeitslehre: Die — der Ethik des Spinoza. Wahle. CXIX. XI.

Görzer Mittelkarstdialekt: Morphologie des — — mit besonderer Berücksichtigung der Betonungsverhältnisse. Štrekelj. CXIII. 377—496.

*Golgatha und Oelberg, christologisches Epos. Helle. CXII. 426.

Gomperz, Theodor, Professor, w. M.: Eine vermeintliche Tragödie des Euripides und ein Papyrus der Sammlung des Erzherzogs Rainer. CXII. 158.

— Ueber den Abschluss des Herodoteischen Geschichtswerkes. CXII. 505, 507—531.

— System der deductiven und inductiven Logik von J. St. Mill. III. Band, 2. Auflage. CXII. 532.

— Zu Heraklit's Lehre und den Ueberresten seines Werkes. CXIII. 995, 997—1055.

— Platonische Aufsätze I: Zur Zeitfolge platonischer Schriften. CXIV. 740, 741—768.

— Nachlese zu den Bruchstücken der griechischen Tragiker. CXVI. 1, 3—52.

— Zu Aristoteles' Poetik, ein Beitrag zur Kritik und Erklärung der Capitel I—VI. CXVI. 540, 543—582.

— Ueber die Charaktere Theophrast's. CXVII, p. XXVI, X.

— Die Apologie der Heilkunst, eine griechische Sophistenrede des fünften vorchristlichen Jahrhunderts. CXX, p. XXI, IX.

Gottlieb, Theodor: Subventionsgesuch behufs Herausgabe seines Werkes ‚Ueber mittelalterliche Bibliotheken'. CXIV. 375.

*Grabreliefs: Bericht über die Arbeiten zur Herausgabe der attischen — im Jahre 1888 und bis 1. April 1889. Conze. CXVIII, p. XVIII.

— Von den griechischen —. Brueckner. Mit 1 Doppeltafel und 5 Textabbildungen. CXVI. 501—536.

*Grabstein: Ueber einen — aus Halimus. Benndorf. CXIII. 579.

*Grammatik der altaischen Sprachen: Entwurf einer vergleichenden — —. Grunzel. CXIX, p. XI.

— der südosteuropäischen Sprachen: Ueber die Einwirkung des Türkischen auf die — —. Miklosich. CXX. I.

Griechische Florilegien: Die epiktetischen Fragmente. Eine Untersuchung zur Ueberlieferungsgeschichte der — —. Schenkl. CXV. 443—546.

— Grabreliefs: Von den — —. Mit 1 Doppeltafel und 5 Textabbildungen. Brueckner. CXVI. 501—536.

*Griechische Grammatik. Meyer. CXII. 426.
*— Rechtsalterthümer: Studien zu den — —. Simon. CXVII, p. XXIII.
— Tragiker: Nachlese zu den Bruchstücken der — —. Gomperz. CXVI. 3—52.
*— Vasen: Bericht über die erste Reise zur Sammlung von Material für ein Werk über — — mit Lieblingsinschriften. Klein. CXX, p. VI.
— Bericht über den zweiten Theil seiner Reise. Klein. CXX, p. XIII.
*— Zauberpapyrus von Paris und London. Wessely. CXIV. 8.
Grillparzer-Denkmal-Comité: Einladung zu der am 23. Mai 1889 stattfindenden Enthüllung dieses Monumentes. CXIX, p. V.
— -Stiftung, Preisgericht: Mittheilung, dass an Stelle des verstorbenen Geheimen Regierungsrathes Professor Scherer Professor Dr. Erich Schmidt gewählt wurde. Zimmermann. CXIII. 995.
— Wahl Josef Ritters von Weilen zum Preisrichter der —. CXVI. 540.
— Mittheilungen von der Constituirung des Preisgerichtes der — für das Triennium 1887—1890, bestehend aus den Herren Erich Schmidt in Berlin, Adolf Ritter von Sonnenthal, Ludwig Speidel, Josef Ritter von Weilen und Robert Zimmermann in Wien. CXVII, p. X.
— Wahl Professors Josef Bayer zum Preisrichter der —. CXX, p. XV.
*Grünpeck, Josef: Leben und Schriften des Hofcaplans und Geschichtsschreibers des Kaisers Maximilian I. Czerny. CXV. 441.
Grunzel, Josef, Dr.: Die Ableitungsaffixe der Nomina im Osmanischen. Ein Beitrag zur türkischen Grammatik. CXII. 741.
— Die Vocalharmonie der altaischen Sprachen. CXVI. 711; CXVII. III.
— Entwurf einer vergleichenden Grammatik der altaischen Sprachen. CXIX, p. XI.
Gujarat: Eine Sendraka-Inschrift aus —. Bühler. CXIV. 217 bis 230.
Gurjara-Königs Dadda II.: Ueber eine Inschrift des — —. Bühler. CXIV. 169—209.

H.

Haardt von Hartenthurn, Vincenz: Vorlage der Pflichtexemplare seiner mit Unterstützung der kais. Akademie erschienenen Uebersichtskarte der ethnographischen Verhältnisse in Asien. CXIV. 215.

— Subventionsansuchen zur Herausgabe einer ethnographischen Uebersichtskarte von Europa. CXVII, p. XX.

Habsburgische Gedanken und habsburgische Schicksale. Höfler. CXIV. 689.

Hämushalbinsel: Zur Kunde der — II. Die Handelswege im 12. Jahrhundert nach den Erkundigungen des Arabers Idrisi. Tomaschek. CXIII. 285—373.

Hammer, Eduard: Zur Beseitigung des Agio; die Grundbegriffe des Geld- und Währungswesens. CXVII. p. XX.

— Zur Lösung der Gold- und Währungsfrage und zur Beseitigung des Agios. CXX, p. XIII.

Handel und Verkehr in Ungarn und Polen um die Mitte des 18. Jahrhunderts, ein Beitrag zur Geschichte der österreichischen Commercialpolitik. Fournier. CXIII. 793.

Handelswege: Die — im 12. Jahrhundert nach den Erkundigungen des Arabers Idrisi. Zur Kunde der Hämushalbinsel II. Tomaschek. CXIII. 285—373.

Handlungsreise: Eine amtliche — nach Italien im Jahre 1754. Ein neuer Beitrag zur Geschichte der österreichsichen Commercialpolitik. Fournier. CXVI. 711.

Handschriften des sogenannten Schwabenspiegels: Achter Bericht über die Untersuchung der — —. Rockinger. CXVIII. X.

— — Neunter Bericht über die Untersuchung von — —. Rockinger. CXIX. VIII.

— — Zehnter Bericht über die Untersuchung von — —. Rockinger. CXIX. X.

— — Eilfter Bericht über die Untersuchungen von — —. Rockinger. CXX. IV.

— — Zwölfter Bericht über die Untersuchung von — —. Rockinger. CXX. VII.

*— von Notker: Die vorhandenen und verschollenen — —. III. Labeo Psalmenübersetzung. Kelle. CXVI. 538.

*****Handschriftenkunde:** Unterrichtsbehelfe zur —. Kriegsarchiv. CXVIII, p. X.

*Handschriftliche Beiträge zu den Werken des bulgarischen Patriarchen Euthymius. Kałużniacki. CXIX, p. XIII.
Hannak, Emanuel: Verbesserte und umgearbeitete Geschichte der Pädagogik in der vorchristlichen Zeit von K. Schmidt. CXX, p. XIII.
Hanusz, Johann, Dr.: Die Lautlehre der polnisch-armenischen Mundart von Kuty in Galizien, ein Beitrag zur armenischen Dialektologie. CXIII. 579.
— Sur la langue des Arméniens Polonais. I. CXIII. 691.
*Harar: Forschungsreise nach den Somâl- und Gallaländern Ostafrika's. Paulitschke. CXVII, p. XVIII.
Harlez, C. de, Professor: ‚Histoire de l'empire de Kin ou empire d'Or'. CXIII. 793.
— Le texte originaire du Yih-King, sa nature et son interprétation. CXV. 96.
Hartel, Wilhelm Ritter von, Professor, Hofrath, w. M.: Bibliotheca patrum latinorum Hispaniensis. I. Escorial. (Real biblioteca de San Lorenzo.) Nach Aufzeichnungen Dr. G. Loewe's. CXI. 412, 415—568.
— Mittheilungen über die Ergebnisse der Expeditionen des Grafen Dr. Carl Lanckoroński nach Pamphylien und die hierüber in Vorbereitung begriffenen Publicationen. CXII. 28.
— Bibliotheca patrum latinorum Hispaniensis. II. Escorial. Nach den Aufzeichnungen Dr. G. Loewe's. CXII. 160, 161—266.
— Corpus scriptorum ecclesiasticorum latinorum. XIV. Band, enthaltend die Werke des Lucifer Calaritanus. CXII. 267.
— Bibliotheca patrum latinorum Hispaniensis. III. Madrid, Toletaner Handschriften der Biblioteca nacional; nach Aufzeichnungen von Dr. G. Loewe. CXII. 687, 689—737.
— — enthaltend ‚Biblioteca nacional' nach den Aufzeichnungen Dr. G. Loewe's. CXIII. 45, 47—128.
— — V. Nationalbibliothek in Madrid (II. Theil) nach den Aufzeichnungen des Dr. Gustav Loewe. CXIII. 213, 215 bis 284.
— — VI. Privatbibliothek Sr. Majestät des Königs. Nach den Aufzeichnungen Dr. G. Loewe's. CXIII. 497, 499 bis 578.
— Kritische Versuche zur fünften Decade des Livius. CXVI. 781, 783—860.

Hartel, Wilhelm Ritter von, Professor, Hofrath, w. M.: Patristische Studien. I. Zu Tertullian de spectaculis, de idololatria. CXX, p. XVIII. VI.

Hasak, P. Vincenz, Ehrendechant: Herbstblumen oder alte, ernste Wahrheiten. Zur Illustration des christlichen Volksunterrichtes in der vorreformatorischen Zeit; nach Originalschriften. CXII. 93.

Hauler, Edmund, Dr.: Fund neuer Bruchstücke aus Sallust's Historien in der Handschrift von Orléans. Nr. 169. CXII. 426.

— Bericht über die Verwendung der ihm von der kais. Akademie zu Theil gewordenen Reiseunterstützung. CXIII. 579.

— Mittheilung über den vorläufigen Abschluss der Lesung und Erklärung der neuen Palimpsestfragmente zu Sallust's Historien. CXIII. 579.

— Neue Bruchstücke zu Sallust's Historien. CXIII. 612, 615 bis 690.

— Das älteste Berner Bruchstück identificirt. CXVII, p. XXIV. IX.

Hauthaler, P. Willibald: Aus den vaticanischen Registern; eine Sammlung von Urkunden. CXIV. 371.

Hegel, Carl, Professor, c. M.: Dankschreiben für seine Wahl zum correspondirenden Mitgliede. CXV. 1.

*— und Schopenhauer, ihr Leben und Wirken. Foucher de Careil, Graf; aus dem Französischen ins Deutsche übersetzt von J. Singer. CXVII, p. XIII.

*__Hegemoniefrage__: Die periodische Wiederkehr der — zwischen der germanischen und slavischen Race in der Geschichte. Kematmüller. CXX, p. VI.

Heilkunst: Die Apologie der —, eine griechische Sophistenrede des fünften vorchristlichen Jahrhunderts. Gomperz. CXX. IX.

Heinzel, Richard, Professor, w. M.: Ueber die Hervararsaga. CXIV. 415, 417—519.

— Ueber die Walthersage. CXVII. p. VII. II.

— Ueber die ostgothische Heldensage. CXIX, p. VII. III.

Heldensage: Ueber die ostgothische —. Heinzel. CXIX. III.

Helle, F. W.: Golgatha und Oelberg, christologisches Epos. CXII. 426.

Henzen, Wilhelm, Professor, c. M.: Dankschreiben für die Beglückwünschung zu seinem siebenzigsten Geburtstag. CXII. 158.
— Mittheilung von seinem am 27. Jänner 1887 erfolgten Ableben. CXIV. 211.
Heraklit's Lehre: Zu — — und den Ueberresten seines Werkes. Gomperz. CXIII, 997—1055.
*Herbstblumen oder alte, ernste Wahrheiten. Zur Illustration des Volksunterrichtes in der vorreformatorischen Zeit; nach Originalschriften. Hasak. CXII. 93.
*Hermachandra: Ueber das Leben des Jaina-Mönches —, des Schülers des Devachandra. Bühler. CXVII, p. XXX.
*Hernstein in Niederösterreich. III. Band. Becker. CXII. 1.
*— — sammt einem Plane und Skelete zu dem Plane des Parkes in Hernstein, ferner eine Schrift über eine Teufelsbeschwörung zu Starhemberg und Pläne und Ansichten von Hernstein aus den Jahren 1853—1883. Schaffer. CXVIII, p. VIII.
Herodoteisches Geschichtswerk: Ueber den Abschluss des — —. Gomperz. CXII. 507—531.
*Heroon von Gjölbaschi-Trysa: Das — —. Benndorf. CXIX, p. VIII.
Hervararsaga: Ueber die —. Heinzel. CXIV. 417—519.
Himmel, Heinrich, k. k. Hauptmann: Reisebericht über Palästina und Syrien. CXI. 2.
Hirsch, Heinrich, Dr.: Ueberseeische Colonisation durch Oesterreich-Ungarn. CXVII. p. XXII.
Hirth, Friedrich: China and the Roman Orient. CXI. 2.
Historiographie: Geschichte der deutschen — von F. X. von Wegele. XX. Band der Geschichte der Wissenschaften in Deutschland. CXI. 2.
Historische Commission: Dispacci di Germania. Venezianische Depeschen vom Kaiserhof. I. Band. CXX, p. XI.
Historischer Verein von Oberbayern: Der Ausschuss des — — ladet zu dem am 26. Mai 1888 stattfindenden Jubelfest des fünfzigjährigen Bestehens desselben ein. CXVI. 537.
*Höfische Leben: Das — — zur Zeit der Minnesänger. Schultz. CXVIII. p. XVIII.
Höfler, Constantin Ritter von, Hofrath, w. M.: Habsburgische Gedanken und habsburgische Schicksale. CXIV. 689.

Höfler, Constantin Ritter von, Hofrath, w. M.: Don Rodrigo de Borja (Papst Alexander VI.) und seine Söhne, Don Pedro Luis, erster und Don Juan, zweiter Herzog von Gandia, aus dem Hause Borja. CXV. 197.
— Der Uebergang von den einheimischen Königen Spaniens, den reyes gotos, zu den alemannischen, den Habsburgern. I. Abhandlung unter dem Titel: Erzherzog Philipps von Oesterreich, Herzogs von Burgund, Prinzen von Spanien, Reise zur Huldigung der Castilianer in Toledo, 22. Mai, der Aragonesen in Saragossa, 27. October 1502. CXV. 421.

Hofmann, Franz, Professor, c. M.: Dankschreiben für seine Wahl zum correspondirenden Mitgliede der kaiserlichen Akademie. CXI. 1.
— Ernennung desselben zum Mitgliede der Savigny-Commission. CXI. 643.
— und Professor Dr. L. Pfaff: Fragmentum der Formula Fabiana. Sonderabdruck aus dem IV. Bande der ‚Mittheilungen aus der Sammlung der Papyrus Erzherzog Rainer'. CXVII, p. VII.
— -**Wellenhof,** P. von: Zur Geschichte des Arminius-Cultus in der deutschen Literatur. CXII. 505.

Hohenmauth, Direction des Communal-Obergymnasiums: Dankschreiben für zugewendete akademische Publicationen. CXVI. 144.

Horawitz, Adalbert, Professor, c. M.: Zur Geschichte des Humanismus in den Alpenländern. I. CXI. 2, 331- 380.
— Johannes Faber und Petrus Paulus Vergerius. CXII. 426.
— Briefwechsel des Beatus Rhenanus. CXIII. 691.
— Wilhelm Scherer, ein Blatt der Erinnerung, und ‚Ueber die Colloquia des Erasmus von Rotterdam'. CXIV. 213.
— Zur Geschichte des Humanismus in den Alpenländern. II. CXIV. 375, 385—404.
— — III. Leonhard Schilling von Hallstatt. Biographie, Charakteristik und Inhaltsangabe der Werke des 1474 zu Hallstatt geborenen, am 11. Februar 1540 verstorbenen 'Mondseer Benedictiners Leonhard Schilling. CXIV. 689, 769—826.
— Das Josefstädter Piaristengymnasium in Wien, Erinnerung an einstige Lehrer. CXVI. 426.
— Mittheilung von seinem am 6. November 1888 in Döbling erfolgten Ableben. CXVII, p. XXII.

Horawitz, Adalbert, Professor, c. M.: Erasmiana V. CXVIII, p. VIII.
***Hospital** am Pyrn: Urkundenregesten zur Geschichte des — —. Schroll. CXIV. 307.
Huber, Alphons, Professor, w. M.: Die Kriege zwischen den Ungarn und den Türken 1440—1443 kritisch untersucht. CXII. 348.
— Ausdruck des Dankes für seine Wahl zum Delegirten in die Centraldirection der Monumenta Germaniae. CXIV. 214.
— Das kirchliche Strafverfahren gegen Margarethe von Tirol wegen der Verjagung ihres ersten Gemahls und ihrer Verheiratung mit Ludwig dem Brandenburger. CXVI. 429.
— Die Erwerbung Siebenbürgens durch Kaiser Ferdinand I. und Bruder Georgs Ende. CXIX, p. XV.
Huemer, Johann, Professor: Kleine Beiträge zur österreichischen Geschichts- und Literaturkunde. CXIV. 379.
— Das Registrum multorum auctorum des Hugo von Trimberg. Ein Quellenbuch zur lateinischen Literaturgeschichte des Mittelalters. CXVI. 1, 145—190.
Hugo von Trimberg: Das Registrum multorum auctorum. Ein Quellenbuch zur lateinischen Literaturgeschichte des Mittelalters. Huemer. CXVI. 145—190.
Humanismus in den Alpenländern: Zur Geschichte des — —. I. Horawitz. CXI. 2, 331—380; II. CXIV. 385—404; III. Leonhard Schilling von Hallstatt. CXIV. 769—826.
— in Polen: Beiträge zur Geschichte des — —. Morawski. CXVIII. III.
***Husitische** Bewegung: Beiträge zur Geschichte der — —. 4. Stück: Die Streitschriften und Unionsverhandlungen zwischen Katholiken und Husiten in den Jahren 1412 und 1413. Loserth. CXVIII. p. XX.
Husn u dil (Schönheit und Herz), persische Allegorie von Fattâhî aus Nisâpûr, herausgegeben, übersetzt, erklärt und mit Lâmi'î's türkischer Bearbeitung verglichen von Dvořak. CXVIII. IV.

I.

Idrîsî: Die Handelswege im 12. Jahrhundert nach den Erkundigungen des Arabers —. Zur Kunde der Hämushalbinsel. II. Tomaschek. CXIII. 285—373.

Inama-Sternegg, K. Th. von, Hofrath, c. M.: Zur Verfassungsgeschichte der deutschen Salinen im Mittelalter. CXI. 413, 569—602.
— Die Quellen der historischen Bevölkerungsstatistik und der Preisstatistik. CXIII. 691.
— Oesterreichisches Städtebuch von Dr. Ernst Mischler. CXV. 96.
— Einige Bemerkungen über die Erhebung der Standesregister in Oesterreich. CXX, p. VII.

Inschrift: Ueber eine neu aufgefundene — des Königs Dharasena von Valabhî. Bühler. CXI. 1036, 1037—1056.
— Eine altaramäische — von Limyra in Lycien. Sachau. CXIV. 3—7.
— des Gurjara-Königs Dadda II.: Ueber eine neue — —. Bühler. CXIV. 169—209.

*__Institut__ international de statistique: Bulletin de l' — —. Neumann-Spallart. CXIV. 383.
— kais. deutsches archäologisches in Berlin, Centraldirection: Mittheilung, dass an Stelle der bisherigen Publicationen vom Jahre 1886 ab ein „Jahrbuch" und „Antike Denkmäler" erscheinen werden. CXIII. 44.

Internationaler Gefängnisscongress, Präsident des Executivcomités: Einladung zur Entsendung eines Delegirten zu den in Rom am 16. November 1885 stattfindenden Sitzungen. CXV. 1.

*__Internationales__ statistisches Institut: Mittheilung von dem Inslebentreten des — — und Zusendung des I. Bandes des „Bulletin de l'institut international". Neumann-Spallart. CXII. 740.

*__Inventaire__ général des richesses d'art de la France. IX. Band. (Monuments religieux II.) CXVII, p. XXX.

Italienische Botschaft, königl., am Wiener Hofe: Dankschreiben für Zuwendung von akademischen Schriften. CXX, p. V.
— Regierung, königl.: Vocabolario degli Academici della Crusca. VI. Band, Fasc. 1. CXV. 96.

J.

Jagić, Vratoslav, Professor, c. M.: Dankschreiben für seine Wahl zum correspondirenden Mitgliede. CXV. 440.

Jagić, Vratoslav, Professor, c. M.: Carminum christianorum versio palaeoslovenico-rossica. CXV. 440.
— w. M.: Begrüssung desselben als neugewähltes Mitglied seitens des Präsidenten. CXVII, p. XX.
Jahresbericht des städtischen Museum Carolino-Augusteum in Salzburg. CXIII, 793.
*****Jaina-Mönch** Hemachandra: Ueber das Leben des — —, des Schülers des Devachandra. Bühler. CXVII, p. XXX.
*****Jeremias** Homberger, ein Beitrag zur Geschichte Innerösterreichs im 16. Jahrhunderte. Mayer. CXVIII, p. V.
Jesaias: Der Prophet — grönländisch. Pfizmaier. CXI. 647 bis 722.
Jireček, Hermenegild Ritter von, Ministerialrath, c. M.: Verneuerte Landesordnung des Erbkönigreiches Böhmen 1627. CXVII, p. XV.
— Codex juris Bohemici. Tomi 2 pars 3. CXX, p. XVIII.
Jordana y Morera, Don Ramon: Bosquejo geográfico é historical natural del Archipelago Filipino. CXI. 2.
*****Johannes** Faber und Petrus Paulus Vergerius. Horawitz. CXII. 426.
*****Josefstädter** Piaristengymnasium: Das — — in Wien, Erinnerung an einstige Lehrer. Horawitz. CXVI. 426.
Journalisten- und Schriftstellerverein Concordia: Mittheilung, dass an Stelle des verstorbenen Johannes Nordmann Josef Ritter von Weilen als Preisrichter für die Grillparzer-Stiftung gewählt wurde. CXVI. 540.
Jülg, Bernhard, Regierungsrath, Professor, w. M.: Gedenken des Verlustes, welchen die Akademie und speciell diese Classe durch das am 14. August 1886 erfolgte Ableben desselben erlitten hat. CXIII. 212.

K.

Kaçmīrer Çakuntala-Handschrift: Sitzungsberichte CVII. Band, 1884, S. 479: Nachtrag zu 'Die — —'. Burkhard. CXIV. 373—374.
Kafa-Sprache: Die — — in Nordost-Afrika. I. Reinisch. CXVI. 53—143; II. CXVI. 250, 251—386.

Kaiser Ferdinands-Nordbahn: Die — —; eine anlässlich ihres fünfzigjährigen Bestandes verfasste Denkschrift. CXIV. 414.

* — Franz I. und die Napoleoniden vom Sturze Napoleons I. bis zu dessen Tode. Schlitter. CXVI. 453.

— Franz Josefs-Ausstellung: Einladung zur ausserordentlichen Versammlung und zum Besuche der — — seitens der Numismatischen Gesellschaft. CXVII, p. XXVI.

* — Carl V.: Ueber den Zug — — nach Algier, eine Quellenuntersuchung. Turba. CXII. 423.

* — Leopold I.: Studien zur Geschichte — —. (I. Die Entwicklung des Rheinbundes von 1658.) Pribram. CXIV. 383.

Kaiseranreden bei Lactantius: Ueber die dualistischen Zusätze und die — —. Brandt. CXIX, p. V. I.

***Kaiserpolitik** Oesterreichs: Vivenot's Quellen zur Geschichte der deutschen — —. III. Band. Zeissberg. CXVIII, p. VII.

— — Zur deutschen — —. Beitrag zur Geschichte des Revolutionsjahres 1795. Zeissberg. CXVIII, p. XV. VII.

Kaltenbrunner, Professor: Acta Habsburgica Vaticana. I. Theil. CXVI. 427.

— Mittheilungen aus dem vaticanischen Archive, I. Band: Actenstücke zur Geschichte des deutschen Reiches unter den Königen Rudolf I. und Albrecht I. CXX, p. XI.

Kałużniacki, Emil, Professor: Die polnische Recension der Magdeburger Urtheile und die einschlägigen deutschen, lateinischen und czechischen Sammlungen. CXI. 113 bis 330.

— Handschriftliche Beiträge zu den Werken des bulgarischen Patriarchen Euthymius. CXIX, p. XIII.

Karabacek, Josef, Professor, c. M.: Mittheilung, dass die Papyrus-Sammlung Sr. k. Hoheit des Herrn Erzherzogs Rainer die neuen, zu Studienzwecken geeigneten Räumlichkeiten im k. k. Museum für Kunst und Industrie bezogen habe und Einladung zum Besuche derselben. CXII. 532.

— Mittheilungen aus der Sammlung der Papyrus Erzherzog Rainer. I. Band, 1. und 2. Heft. CXIII. 497; 3. und 4. Heft. CXIV. 375; II. und III. Band. CXV. 421; IV. Band. CXVII, p. XII; V. Band, 1. und 2. Heft. CXVIII, p. XXI.

— Begrüssung desselben als neugewähltes Mitglied durch den Präsidenten. CXVII, p. XIV.

Karawanenweg nach Innerasien: Kritik der ältesten Nachrichten über den skythischen Norden. II. Theil. Die Nachrichten Herodots über den skythischen — —. Tomaschek. CXVII. I.

Kaulek, Jean: Recueil des instructions données aux ambassadeurs et ministres de France depuis les traités de Westphalie jusqu'à la révolution française, II. Suède, avec une introduction et des notes par A. Geffroy, und: Correspondence politique de MM. de Castillon et de Marillac, ambassadeurs de France en Angleterre (1537—1542). CXII. 93.

Kelle, Johann, Professor: Die vorhandenen und verschollenen Handschriften von Notker. III. Labeo Psalmenübersetzung. CXVI. 538.

Kellner, Leon, Dr.: Allitteration zur Zeit Shakspere's. CXIV. 520.

Kematmüller, k. k. Rittmeister: Die periodische Wiederkehr der Hegemoniefrage zwischen der germanischen und slavischen Race in der Geschichte. CXX, p. VI.

Kirchenväter-Commission: Mittheilung einer Zuschrift des Professors Dr. S. Brandt, das Material zu ‚Augustinus contra duas epistolas Pelagianorum' betreffend. CXI. 799.

— — Vorlage des XIII. Bandes des ‚Corpus scriptorum ecclesiasticorum latinorum', enthaltend den zweiten Band der Werke Cassians in der Bearbeitung von Petschenig. CXI. 868.

— — Vorlage des XIV. Bandes des ‚Corpus scriptorum ecclesiasticorum latinorum', enthaltend die Werke des Lucifer Calaritanus in der Bearbeitung des w. M. Wilhelm von Hartel. CXII. 267.

— — Vorlage des zweiten Theiles des VIII. Bandes des ‚Corpus scriptorum ecclesiasticorum latinorum', enthaltend ‚Evgippii vita S. Severini' in der Bearbeitung des Herrn Pius Knöll. CXII. 505.

— — Die Anecdota Borderiana augustinischer Sermonen von Dr. Rudolf Beer. CXIII. 612, 679—690.

— — Vorlage des XII. Bandes des ‚Corpus scriptorum ecclesiasticorum latinorum', enthaltend S. Augustini liber qui appellatur speculum et liber de divinis scriptoris sive speculum quod fertur S. Augustini' in der Bearbeitung des Franz Weihrich. CXIV. 1.

— — Zu Cassiodorius Senator von Th. Stangl. CXIV. 383, 405—413.

Kirchenväter-Commission: Vorlage des XVI. Bandes des ‚Corpus scriptorum ecclesiasticorum latinorum', enthaltend Poetae christiani minores Pars I, in der Bearbeitung der Herren M. Petschenig, R. Ellis, Ch. Brandes und C. Schenkl. CXV. 1.

— — Bericht über einen von Dr. Rudolf Beer in der Bibliothek der Kathedrale von Leon (Spanien) gefundenen Palimpsest der ‚lex Romana Wisigothorum'. CXV. 93.

— — Vorlage des XV. Bandes des ‚Corpus scriptorum ecclesiasticorum latinorum', enthaltend Commodiani carmina ex recensione Bernhardi Dombart. CXV. 93.

— — Glossae spiritales secundum Eucherium episcopum von Dr. Carl Wotke. CXV. 423, 425—439.

— — Vorlage des XVII. Bandes des ‚Corpus scriptorum ecclesiasticorum latinorum', enthaltend: Pars I von Johannis Cassiani opera, in der Ausgabe des Michael Petschenig. CXVI. 781.

— — Uebergabe der Abhandlung des Herrn Manitius: Zu Aldhelm und Beda. CXII. 532, 535—634.

— — Vorlage des XVIII. Bandes des ‚Corpus scriptorum ecclesiasticorum latinorum', enthaltend: Priscilliani quae supersunt in der Ausgabe von Georg Schepps. CXVII, p. XXII.

— — Das älteste Berner Bruchstück identificirt von Dr. Edmund Hauler. CXVIII, p. XXIV.

— — Beiträge zur Geschichte frühchristlicher Dichter im Mittelalter von M. Manitius. CXVII, p. XXVI. XII.

— — Die dualistischen Zusätze und die Kaiseranreden bei Lactantius. Nebst Bemerkungen über das Leben des Lactantius und die Entstehungsverhältnisse seiner Prosaschriften. I. Die dualistischen Zusätze; von Professor Brandt. CXVIII, p. XVII. VIII.

— — Ueber die dualistischen Zusätze und die Kaiseranreden bei Lactantius. Nebst einer Untersuchung über das Leben des Lactantius und die Entstehungsverhältnisse seiner Prosaschriften. II. Die Kaiseranreden; von Dr. Samuel Brandt. CXIX. p. V. I.

— — Beiträge zur Geschichte der Augustinischen Textkritik, von Dr. Carl Fr. Vrba. CXIX, p. IX. VI.

Kirchenväter-Commission: Vorlage der Abhandlung des Dr. Samuel Brandt: Ueber die dualistischen Zusätze und die Kaiseranreden bei Lactantius. Nebst Untersuchungen über das Leben des Lactantius und die Entstehungsverhältnisse seiner Prosaschriften. III. Ueber das Leben des Lactantius. CXX, p. IX. V.

— — Vorlage des XX. Bandes des ‚Corpus scriptorum ecclesiasticorum latinorum', enthaltend: Quinti Septimi Florentis Tertulliani opera ex recensione A. Reifferscheid et G. Wissowa. Pars I. CXX, p. XV.

***Kirchliche Strafverfahren:** Das — — gegen Margaretha von Tirol wegen der Verjagung ihres ersten Gemahls und ihrer Verheiratung mit Ludwig dem Brandenburger. Huber. CXVI. 429.

***Kin ou empire d'Or:** Histoire de l'empire de — —. Harlez. CXIII. 793.

Kirste, Johann, Dr., Privatdocent: Subventionsansuchen zur Herausgabe seines Werkes: Hiraṇyakeśi-Gṛihya-Śutra sammt Auszügen aus dem einheimischen Commentar des Mātṛidatta. CXVII, p. X.

— Vorlage der Pflichtexemplare seines auf Kosten der kais. Akademie gedruckten Werkes: The Gṛihyasutra of Hiraṇyakeśin. CXX, p. VI.

Kitâb: Das — al-wuhûš von Al-'Asma'i mit einem Paralleltexte von Quṭrub. Geyer. CXV. 353—420.

Klausenburg: Die k. ungarische Franz Josefs-Universität erstattet ihren Dank für die Ueberlassung akademischer Schriften. CXII. 93.

Klein, Wilhelm, Professor: Euphronios, eine Studie zur Geschichte der Malerei, zweite Auflage. CXII. 740.

— Subventionsansuchen zum Zwecke der Vollendung eines Werkes über die griechischen Vasen mit Lieblingsinschriften. CXVII, p. XXV.

— Dankschreiben für die bewilligte Reiseunterstützung. CXVIII, p. XIV.

— Bericht über seine erste Reise zur Sammlung von Material für ein Werk über griechische Vasen mit Lieblingsinschriften. CXX, p. VI.

Klein, Wilhelm, Professor: Bericht über den zweiten Theil seiner mit Unterstützung der kais. Akademie zur Herstellung seines Werkes über die griechischen Vasen mit Lieblingsinschriften unternommenen Reise. CXX, p. XIII.

Klimesch, J. M.: Urkunden und Regesten zur Geschichte des Gutes Poreschin im 14. und 15. Jahrhundert. CXVII, p. XIII.

*****Klöster** in Krain: Die — —. Studien zur österreichischen Monasteriologie. Milkowicz. CXVIII, p. XV.

Klosterbibliothek zu Raigern: Die Tabula juris der — —. Ein Beitrag zur Literaturgeschichte des canonischen Rechtes im 13. Jahrhundert. Ott. CXVII. IV.

Knöll, Pius: Evgippii vita S. Severini. VIII. Band, 2. Theil. CXII. 505.

König Oscar II. von Schweden und Norwegen: Mittheilung über zwei gestiftete Preise für die besten Arbeiten über zwei orientalische Themata: 1. ‚Geschichte der semitischen Sprachen' und 2. ‚Darstellung des Culturzustandes der Araber vor Mohammed'. CXII. 267.

*— Peter von Ungarn und seine Familie mit besonderer Rücksicht auf die Markgräfin Frowila von Oesterreich. Wertner. CXV. 2.

*****Könige** von Medien: Geschichte der — —. Prášck. CXVIII. p. XVII.

Königgrätz, Staats-Oberrealschule, Direction: Dankschreiben für ihr überlassene Werke und Separatabdrücke. CXV. 96.

*****Kolbjager:** Ueber die altrussischen — —. Miklosich. CXIII. 614.

Komorzynski, Johann, Dr., Hof- und Gerichtsadvocat: Der Werth in der isolirten Wirthschaft. CXX, p. XX.

Kopecky, Capitän: Die Rudereinrichtung der attischen Trieren. CXVI. 781.

Krall, J., Dr.: Studien zur Geschichte des alten Aegypten. III. Tyros und Sidon. CXVI. 538, 631—710.

Krause, Gottlob Adolf: Die Musuk-Sprache in Central-Afrika. Nach Aufzeichnungen des — — herausgegeben von Fried. Müller. CXIII. 353—421.

Krejči, Franz, Professor: Ein Beitrag zur Kenntniss der Volkspoesie. CXVI. 426.

Kremer, Alfred Freiherr von, k. k. Handelsminister a. D., w. M.: Lexikographische Notizen nach arabischen Quellen. CXII. 3, 5—27.

Kremer, Alfred Freiherr von, k. k. Handelsminister a. D., w. M.: Eröffnungsrede, gehalten beim siebenten internationalen Orientalisten-Congress am 27. September 1886. CXIII. 374.

— Mittheilung über den Inhalt der im IV. Buch des Geschichtswerkes des Wassâf enthaltenen arabischen Urkunden. CXIV. 213.

— Ueber das Einnahmebudget des Abbasidenreiches vom Jahre 306 H. (918—919). CXIV. 383.

— Ueber die philosophischen Gedichte des Abul'alâ Ma'arry, eine culturgeschichtliche Studie. CXVII, p. XVI. VI.

— Studien zur vergleichenden Culturgeschichte, vorzüglich nach arabischen Quellen. I und II. CXX. p. IX. III; III und IV. CXX. p. XIX. VIII.

Krenberger, S., Dr.: Die politischen Beziehungen des deutschen Königs Albrecht I. zu Philipp IV. von Frankreich. CXIV. 213.

Kreolische Studien. VII. Ueber das Negerportugiesische von Annobon. Schuchard. CXVI. 193—226.

— — VIII. Ueber das Annamito-Französische. Schuchardt. CXVI. 227—234.

*****Kriege:** Die — zwischen den Ungarn und den Türken 1440 bis 1443 kritisch untersucht. Huber. CXII. 348.

Kriegsarchiv, k. k.: Mittheilungen. Jahrgang 1886. CXIII. 793. Neue Folge. I. Band. CXIV. 414; II. Band. CXVI. 250; III. Band. CXVIII, p. V; IV. Band. CXX, p. XV.

— — Abtheilung für Kriegsgeschichte: Feldzüge des Prinzen Eugen. XII. und XIII. Band. CXVI. 1.

— — Direction: Unterrichtsbehelfe zur Handschriftenkunde. CXVIII, p. X.

Kritik der steierischen Reimchronik und zur Reichsgeschichte im 13. und 14. Jahrhundert: Beiträge zur — —. Busson. I. Der falsche Friedrich. CXI. 2, 381—411; II. Die Wahl Adolfs von Nassau. CXIV. 9—85; III. Der Bericht über den Sturz Adolfs von Nassau. Mit zwei Kartenskizzen. CXVII. XIV.

— Zur — der altslovenischen Denkmale. Vondrák. CXII. 743—784.

Kritische Studien zu den kleineren Schriften des Philosophen Seneca. Müller. CXVIII. I.

*— — zu den Sibyllischen Orakeln. Rzach. CXX. p. XXI.

Krones, F. von, Professor, c. M.: Freiherr Anton von Baldacci über die inneren Zustände Oesterreichs. Eine Denkschrift aus dem Jahre 1816. CXVII, p. XVI.

Krüger, Emil: Der Ursprung des Hauses Lothringen-Habsburg (das Haus Metz oder das Geschlecht der Matfridinger). CXVII, p. XV.

Krüner, Friedrich, Dr.: Bethlen Gabor, Fürst von Siebenbürgen. CXI. 797.

Kühnert, Franz, Dr.: Ueber einige Lautcomplexe des Shanghai-Dialektes. CXV. 441; CXVI. 235—249.

Kugler, Josef: Wegweiser und Katalog zur Revision der Schulbibliotheken. CXII. 740.

Kuhač, Franz X., Professor: Zur deutschen Orthographie. CXII. 422.

Kunama-Sprache: Die — — in Nordost-Afrika. II. Reinisch. CXIX. V.

Kunstphilosophie: Gian Vincenzo Gravina als Aesthetiker. Ein Beitrag zur Geschichte der —. Reich. CXX. II.

L.

Lactantius: Die dualistischen Zusätze und die Kaiseranreden bei —. Nebst Bemerkungen über das Leben des — und die Entstehungsverhältnisse seiner Prosaschriften. Brandt. I. Die dualistischen Zusätze. CXVIII, p. XVII. VIII; II. Die Kaiseranreden. CXIX. I; III. Ueber das Leben des —. CXX. V.

*****Lagina:** Mittheilung, betreffend die österreichischen Untersuchungen in —. Benndorf. CXIV. 86.

Lallemand, Léon: Les grands problèmes sociaux à l'Académie royale des sciences morales et politiques d'Espagne. CXX. p. VI.

Lambacher Ritualbücher und Handschriften: Die — — aus dem 12. Jahrhundert. Studien zur Geschichte der Miniaturmalerei in Oesterreich. I. Neuwirth. CXIII. 129—139.

Lampel, Josef, Dr.: Die Landesgrenze von 1254 und das steirische Ennsthal. CXIV. 307.

*Lanckoroński, Carl Graf: Mittheilungen über die Ergebnisse der Expeditionen des — nach Pamphylien und die hierüber in Vorbereitung begriffenen Publicationen. Hartel. CXII. 28.

Landesausschuss der Markgrafschaft Mähren: Codex diplomaticus et epistolaris Moraviae. XI. Band, bearbeitet von Vincenz Brandl. CXI. 798.

— — Mährens allgemeine Geschichte. XI. Band sammt Index, verfasst von dem Landeshistoriographen Dr. Beda Dudík. CXIII. 613.

— — Generalregister und Nachschlagebuch zu den ersten zehn Bänden der von dem Landeshistoriographen Dr. Beda Dudík verfassten und von dem Lande herausgegebenen Geschichte Mährens. CXV. 1.

— des Königreiches Böhmen: Die böhmischen Landtagsverhandlungen und Landtagsbeschlüsse vom Jahre 1526 bis auf die Neuzeit. IV. Band. 1574—1576. CXII. 350.

— — Der — —: Landtagsverhandlungen und Landtagsbeschlüsse vom Jahre 1526 bis auf die Neuzeit, enthaltend die Jahre 1577—1580. V. Band. ‚Archiv český'. VII. Band. CXVI. 453; VIII. Band. CXVIII, p. V.

— Niederösterreichischer: Jahresbericht der niederösterreichischen Landes-Irrenanstalten Wien, Ybbs und Klosterneuburg. CXIII. 44.

— — Bericht über die Thätigkeit der niederösterreichischen Landes-Irrenanstalten im Jahre 1885. CXIV. 637.

— — Jahresbericht der niederösterreichischen Landes-Irrenanstalten für das Jahr 1886. CXVI. 711.

Landesbeschreibungs-Bureau des k. k. Generalstabes: Beiträge zur Rechtschreibung und Deutung türkischer geographischer Namen. CXIV. 215.

*Landesgrenze von 1254 und das steirische Ennsthal: Die — —. Lampel. CXIV. 307.

*Landes-Irrenanstalten: Jahresbericht der niederösterreichischen — — Wien, Ybbs und Klosterneuburg. Landesausschuss. CXIII. 44.

*— Bericht über die Thätigkeit der niederösterreichischen — — im Jahre 1885. Landesausschuss. CXIV. 637.

*— Jahresbericht der niederösterreichischen — — für das Jahr 1886. Landesausschuss. CXVI. 711.

Landesschulrath, k. k. galizischer: Bericht über den Stand der galizischen Mittelschulen in den Schuljahren 1875—1883. (I. und II. Theil.) CXII. 3; 1884—1888. CXX, p. XVI.

*****Landgerichtsordnung** in Rauris (1591) und Nachrichten über das Dreiding zu Bielitz in Schlesien, sowie Benachrichtigung, dass auch ein Dreiding von Kunzendorf sich im Besitze des Einsenders befinde. Luschin v. Ebengreuth. CXVIII. p. XI.

Landrechtsglosse des Sachsenspiegels: Die Entwicklung der — —. Steffenhagen. VI. Die Fuldaer Glossenhandschrift. CXI. 412, 603—642; VII. Der Glossenprolog. CXIII, 3 bis 43; VIII. Verzeichniss der Handschriften und Drucke. CXIV. 309—370; IX. Die Ueberlieferung der Buch'schen Glosse. CXIV. 691—739.

*****Landtagsverhandlungen** und Landtagsbeschlüsse vom Jahre 1526 bis auf die Neuzeit. V. Band, enthaltend die Jahre 1577—1580. ‚Archiv česky‘. VII. Band. Böhmischer Landesausschuss. CXVI. 453.

*****Langage** françois italianizé: Deux dialogues du nouveau — par Henri Estienne. Ristelhuber. CXIV. 215.

Lange, Ludwig, Professor, c. M.: Mittheilung von seinem am 18. August 1885 in Leipzig erfolgten Ableben. CXI. 1.

Langer, Carl, Ritter von Edenberg, Hofrath, Professor, w. M.: Gedenken des Verlustes, den die Akademie durch sein am 7. December 1887 erfolgtes Ableben erlitten hat. CXV. 440.

Laurentianisches Schisma: Quellenstudien zum — —. Stöber. CXII. 269—347.

Lauser, Wilhelm, Dr.: Der erste Schelmenroman. Lazarillo von Tormes. CXIX, p. IX.

Lautcomplexe des Shanghai-Dialektes: Ueber einige — —. Kühnert. CXVI. 235—249.

*****Lautlehre**: Die — der polnisch-armenischen Mundart von Kuty in Galizien, ein Beitrag zur armenischen Dialektologie. Hanusz. CXIII. 579.

— der slovakischen Sprache in Ungarn: Beiträge zur — —. Pastrnek. CXV. 203—352.

Lautwerth der Nasalvocale: Der — — im Altpolnischen. Leciejewski. CXI. 873—1035.

*****Lazarillo** von Tormes: Der erste Schelmenroman. Lauser. CXIX, p. IX.

Leben des Lactantius: Ueber das — —: Ueber die dualistischen Zusätze und die Kaiseranreden bei Lactantius. Nebst Untersuchungen über das — —. CXX. V.

Leciejewski, Johannes, Dr.: Der Lautwerth der Nasalvocale im Altpolnischen. CXI. 873—1035.

Leclercq, Jules: Souvenirs de Querétaro. CXIV. 8.

Lederer, Siegfried, Dr.: Lefüdänatäv fa Klonaleson Rudolf de löstän-nugän. Lovepolam dälü lautel subimik fa —. CXIX. p. X.

*****Lehenbrief**: Ein fehlerhafter — Sigmunds. Borch. CXI. 797.

Leisching, Hermann, Kupferstecher: Remarque-Druck seiner nach einem in der k. k. Belvedere-Galerie befindlichen Gemälde von Canaletto ausgeführten Radirung des Akademiegebäudes. CXIV. 414.

Leitgeb, Hubert, Professor, w. M.: Gedenken des Verlustes, welchen die Akademie durch sein am 5. April 1888 erfolgtes Ableben erlitten hat. CXVI. 537.

*****Leopold I.**: Zur Wahl —. 1654—1658. Pribram. CXVI. 426.

*****L'Évangéliaire** de Saint-Vaast d'Arras et la calligraphie Franco-Saxonne du IXe siècle. Delisle. CXVII. p. XXIV.

Lewicki, Anatol, Professor: Ein Blick in die Politik König Sigmunds gegen Polen in Bezug auf die Hussitenkriege. CXII. 738.

Lexikographische Notizen nach neuen arabischen Quellen. Kremer. CXII. 3, 5—27.

Liber diurnus: Prolegomena zum — —. Sickel. I, mit einer Tafel. CXVII. VII; II, in welchem das Alter der vier im Diurnus vereinigten Theilsammlungen festzustellen versucht wird. CXVII. XIII.

*— — Die Handschriften des — —. Mittheilung, betreffend die Handschriften des — —. Sickel. CXIX, p. IX.

*— diurnus Romanorum Pontificum. Sickel. CXVIII, p. XI.

*****Libri** citationum et sententiarum. V. Band, 1. Abtheilung. Mährischer Landesausschuss. CXVII, p. XV.

Liechtenstein, Johann Fürst von und zu, E.-M.: Dankschreiben für die Wahl zum Ehrenmitgliede der kaiserlichen Akademie. CXX. p. V.

Limyra: Eine altaramäische Inschrift von — in Lycien. Sachau. CXIV. 3—7.

Linnemann, Eduard, Professor, w. M.: Mittheilung von seinem am 24. April 1886 in Prag erfolgten Ableben. CXII. 425.

***Lisola,** Franz von: Berichte des kaiserlichen Gesandten —. Pribram. CXII. 423.

***Literary** remains: The — — of Dr. Bhau Daji. CXV. 96.

Livius: Kritische Versuche zur fünften Dekade des —. Hartel. CXVI. 783—860.

Löher, von, Dr., Geheimrath: Archivalische Zeitschrift. X. Band. CXII. 93; XI. Band. CXIV. 8.

Loserth, J., Professor: Beiträge zur Geschichte der husitischen Bewegung. IV. Stück: Die Streitschriften und Unionsverhandlungen zwischen Katholiken und Husiten in den Jahren 1412 und 1413. CXVIII, p. XX.

***Lothringen-Habsburg:** Der Ursprung des Hauses — — (das Haus Metz oder das Geschlecht der Matfriedinger). Krüger. CXVII, p. XV.

***Lucifer** Calaritanus: Corpus scriptorum ecclesiasticorum latinorum. XIV. Band, enthaltend die Werke des — — in der Bearbeitung des w. M. von Hartel. CXII. 267.

Ludwig Salvator, Erzherzog, k. u. k. Hoheit, E.-M.: Dankschreiben für die Wahl zum Ehrenmitgliede der kaiserlichen Akademie. CXX, p. V.

Luschin-Ebengreuth, Arnold von, Professor, c. M.: Uebermittlung der zweiten und dritten Abtheilung eines Separatabdruckes seiner rechts- und culturgeschichtlichen Studien: Oesterreicher an italienischen Universitäten zur Zeit der Reception des römischen Rechtes. CXII. 267.

— Dankschreiben für den ihm gewordenen Auftrag, ein mit biographischen Notizen ausgestattetes Repertorium der bis zum Jahre 1630 an italienischen Rechtsschulen nachweisbaren deutschen Studenten mit Hilfe der Savigny-Stiftung herzustellen. CXII. 422.

— Quellen zur Geschichte deutscher Rechtshörer in Italien. I. In italienischen Archiven und Sammlungen. CXIII. 692, 745—792.

— Bericht über den gegenwärtigen Stand seiner Arbeiten, betreffend die Quellen zur Geschichte deutscher Rechtshörer in Italien. CXIV. 740.

— Quellen zur Geschichte deutscher Rechtshörer in Italien. I. In italienischen Archiven und Sammlungen. CXVIII, p. IX. II.

Luschin-Ebengreuth, Arnold von, Professor, c. M.: Landgerichtsordnung in der Rauris (1591) und Nachrichten über das Dreiding zu Bielitz in Schlesien und Benachrichtigung, dass auch ein Dreiding von Kunzendorf in Schlesien sich in seinem Besitze befinde. CXVIII, p. XI.

M.

***Mährens** allgemeine Geschichte. Dudik. XI. Band sammt Index. CXIII. 613; XX. Band. CXVIII, p. VII.
Mährisch-Weisskirchen, Direction des k. k. Obergymnasiums: Dankschreiben für die Ueberlassung akademischer Schriften. CXV. 440.
Mährischer Landesausschuss: Libri citationum et sententiarum. V. Band, 1. Abtheilung. CXVII, p. XV.
— — Mährens allgemeine Geschichte. XX. Band. Dudik. CXVIII, p. VII.
Magdeburger Urtheile: Die polnische Recension der — — und die einschlägigen deutschen, lateinischen und czechischen Sammlungen. Kalužniacki. CXI. 113—330.
Maghellanische Weltumseglung: Zwei Briefe über die — —. Geleich. CXVIII, p. XXII; CXIX. IV.
Manitius, M.: Zu Aldhelm und Baeda. CXII. 532, 535—634.
— Beiträge zur Geschichte frühchristlicher Dichter im Mittelalter. CXVII, p. XXVI. XII.
***Margaretha** von Tirol: Das kirchliche Strafverfahren gegen — — wegen der Verjagung ihres ersten Gemahls und ihrer Verheiratung mit Ludwig dem Brandenburger. Huber. CXVI. 429.
***Maria** Theresia: Aus der Zeit der Kaiserin — —. Wolf. CXVI. 711.
Marienlegenden: Studien zu den mittelalterlichen —. Mussafia. I. CXIII. 917—994; II. CXV. 5—92; III. CXIX. IX.
***Marmorkopf:** Ueber einen in Eleusis gefundenen —. Benndorf. CXV. 201.
Martinswand: Die Sage von Max auf der — und ihre Entstehung. Busson. CXVI. 455—500.
Mathematische Erkenntniss: Beiträge zur Theorie der — —. Zindler. CXVIII. IX.

Maurer, Josef, Pfarrer: Das Necrologium der österreichischen Minoritenprovinz. CXIV. 520.
*****Mayahandschrift**: Erläuterungen zur — der k. Bibliothek zu Dresden. Forstemann. CXII. 425.
Mayer, Franz Martin, Dr.: Aus den Correspondenzbüchern des Bischofs Sixtus von Freising, 1474—1495. CXII. 350.
— Der Brucker Landtag des Jahres 1572. CXVII, p. XII.
— Jeremias Homberger, ein Beitrag zur Geschichte Innerösterreichs im 16. Jahrhundert. CXVIII, p. V.
Max auf der Martinswand: Die Sage von — — und ihre Entstehung. Busson. CXVI. 455—500.
*****Mehrstimmigkeit**: Die Wiederholung und Nachahmung in der —. Adler. CXII. 740.
*****Meinhard'sche** Urbare der Grafschaft Tirol. Zingerle. CXIV. 211.
Meinong, A., Professor: Ueber philosophische Wissenschaft und ihre Propädeutik. CXII. 425.
*****Mémoires** sur l'abolition de l'esclavage et de la traite des noirs sur le territoire Portugais. CXX, p. XVIII.
Metaphysische Ausführungen im Anschlusse an Emil du Bois-Reymond. Ehrenfels. CXII. 429—503.
Meyer, Gustav: Griechische Grammatik; 2. Auflage. CXII. 426.
Miklosich, Franz Ritter von, Hofrath, w. M.: Etymologisches Wörterbuch der slavischen Sprachen. CXII. 3.
— Die serbischen Dynasten Crnojević, ein Beitrag zur Geschichte von Montenegro. CXII. 28, 29—92.
— Die Blutrache bei den Slaven. CXIV. 1.
— und Professor Dr. Josef Müller: Acta et diplomata monasteriorum et ecclesiarum Orientis sumtus praebente caesarea scientiarum academia Vindobonensi collecta. CXV. 1.
— Die türkischen Elemente in den südost- und osteuropäischen Sprachen (Griechisch, Albanisch, Rumunisch, Bulgarisch, Serbisch, Kleinrussisch, Grossrussisch, Polnisch). CXV. 2.
— Ueber die altrussischen Kolbjager. CXIII. 614.
— Die slavischen, magyarischen und rumunischen Elemente im türkischen Sprachschatze. CXVIII, p. XII. V.
— Die Darstellung im slavischen Volksepos. CXIX, p. XIII.
— und Professor Dr. Josef Müller: Acta et diplomata Graeca medii aevi sacra et profana. CXX, p. XX.
— Ueber die Einwirkung des Türkischen auf die Grammatik der südosteuropäischen Sprachen. CXX, p. VI. I.

Militär-geographisches Institut, k. k. Direction: Uebermittlung der 30. Lieferung der neuen Specialkarte der österreichisch-ungarischen Monarchie. CXI. 412.
— Uebermittlung der 31. Lieferung der neuen Specialkarte der österreichisch-ungarischen Monarchie. CXII. 160.
— Uebermittlung der 32. Lieferung der neuen Specialkarte der österreichisch-ungarischen Monarchie. CXIII. 1.
— Uebermittlung der 33. Lieferung der neuen Specialkarte der österreichisch-ungarischen Monarchie. CXIII. 374.
— Uebermittlung der 34. Lieferung der neuen Specialkarte der österreichisch-ungarischen Monarchie. CXIV. 211.
— Bekanntgabe, dass das Mittagszeichen der Sternwarte des Institutes vom 1. Mai 1887 nach dem Meridiane der Universitäts-Sternwarte abgegeben wird. CXIV. 379.
— Uebermittlung der 35. Lieferung der neuen Specialkarte der österreichisch-ungarischen Monarchie. CXIV. 689.
— Uebermittlung der 36. Lieferung der neuen Specialkarte der österreichisch-ungarischen Monarchie. CXV. 93.
— Uebermittlung der 37. Lieferung der neuen Specialkarte der österreichisch-ungarischen Monarchie. CXVI. 424.
— Uebermittlung der 38. Lieferung der neuen Specialkarte der österreichisch-ungarischen Monarchie. CXVII, p. XV.
Milkowicz, Wladimir, Dr.: Die Klöster in Krain, Studien zur österreichischen Monasteriologie. CXVIII, p. XV.
*****Mill**, J. St.: System der deductiven und inductiven Logik. II. Band, 2. Auflage, übersetzt von Gomperz. CXII. 532.
*****Minas** Adomas Sagad, rei de Ethiopia: Historia de — —. Valmór. CXVIII, p. XX.
Miniaturmalerei: Studien zur Geschichte der — in Oesterreich. Neuwirth. CXIII. 129—211.
Ministerium des Aeussern, k. u. k.: Widmung eines Exemplares des Werkes ‚China and the Roman Orient' für die akademische Bibliothek von Dr. Friedrich Hirth. CXI. 2.
— k. u. k. gemeinsames: Ortschafts- und Bevölkerungsstatistik von Bosnien und der Herzegowina nach dem Volkszählungsergebnisse vom 1. Mai 1885. CXII. 532.
*****Minnesänger**: Das höfische Leben zur Zeit der —. Schultz. CXVIII, p. XVIII.

Mischler, Ernst, Dr.: Oesterreichisches Städtebuch. Statistische Berichte der grösseren österreichischen Städte aus Anlass des IV. internationalen demographischen Congresses. CXV. 96.

Mittagszeichen: Bekanntgabe, dass das — der Sternwarte des Instituts vom 1. Mai 1887 nach dem Meridiane der Universitäts-Sternwarte abgegeben wird. Militär-geographisches Institut. CXIV. 379.

***Mittelalterliche** Bibliotheken: Ueber — —. Subventionsansuchen. Gottlieb. CXIV. 375.

Mittheilungen: Archäologisch-epigraphische — aus Oesterreich-Ungarn. IX. Jahrgang, 1. Heft. Archäologisch-epigraphisches Seminar der Wiener Universität. CXI. 412.

*— aus dem vaticanischen Archive. I. Band: Actenstücke zur Geschichte des deutschen Reiches unter den Königen Rudolf I. und Albrecht I. Kaltenbrunner. CXX, p. XI.

*— der prähistorischen Commission. 1. Heft. CXVI. 711.

*— des k. k. Kriegsarchivs: Jahrgang 1886. CXIII. 793; Neue Folge I. Band. CXIV. 414; II. Band der neuen Folge. CXVI. 250.

*— aus Oesterreich-Ungarn. XI. Jahrgang, 2. Heft. Archäologisch-epigraphisches Seminar der Wiener Universität. CXVI. 540.

Montenegro: Die serbischen Dynasten Crnojević; ein Beitrag zur Geschichte von —. Miklosich. CXII. 29—92.

***Monumenta** conciliorum generalium seculi decimi quinti, enthaltend Joannis de Segovia historia gestorum generalis synodi Basiliensis von Ernst Birk. CXIII. 1.

— Germaniae historica, Vorsitzender der Central-Direction: Uebersendung einer Abschrift des Jahresberichtes pro 1885—1886 über den Fortgang der wissenschaftlichen Arbeiten. CXII. 738.

— — Professor Dr. Alfons Huber spricht den Dank aus für seine Wahl zum Delegirten in die Central-Direction der — —. CXIV. 214.

— — Vorsitzender der Central-Direction: Abschrift des Jahresberichtes über den Fortgang der Arbeiten und seiner Beilage, des Etats für das Jahr vom 1. April 1887 bis 31. März 1888. CXIV. 379.

— — Central-Direction: Abschrift des Jahresberichtes über den Fortgang der Monumenta. CXVI. 711.

Monumenta germaniae historica, Vorsitzender der Central-Direction: Abschrift des Jahresberichtes über den Fortgang der Monumenta nebst einigen Exemplaren der durch den Druck veröffentlichten Mittheilungen über den Stand der wissenschaftlichen Arbeiten. CXVIII, p. XXII.

Morawski, von, Professor: Beiträge zur Geschichte des Humanismus in Polen. CXVIII, p. IX. III.

Morphologie des Görzer Mittelkarstdialektes mit besonderer Berücksichtigung der Betonungsverhältnisse. Štrekelj. CXIII. 377—496.

Mühlbacher, E., Professor, c. M.: Dankschreiben für seine Wahl zum correspondirenden Mitgliede der kaiserlichen Akademie. CXI. 1.

Müller, David Heinrich, Professor, c. M.: Epigraphische Denkmäler aus Arabien nach Abklatschen und Copien des Herrn Professor Euting in Strassburg. CXVI. 714.

— Dankschreiben für seine Wahl zum correspondirenden Mitgliede. CXX, p. V.

— Friedrich, Professor, w. M.: Die Musuk-Sprache in Central-Afrika. Nach den Aufzeichnungen von G. A. Krause. CXII. 350, 353—421.

— Die äquatoriale Sprachfamilie in Central-Afrika. CXIX, p. VII. II.

— Johann, Professor, c. M.: Dankschreiben für seine Wahl zum correspondirenden Mitgliede. CXVII, p. XIV.

— Kritische Studien zu den kleineren Schriften des Philosophen Seneca. CXVIII, p. IX. I.

— Josef, Professor, c. M. und F. Miklosich: Acta et diplomata monasteriorum et ecclesiarum Orientis sumtus praebente caesarea scientiarum academia Vindobonensi collecta. CXV. 1.

— und Ferrero: Carteggio di Vittoria Colonna, Marchesa di Pescara. CXVII, p. XXVIII.

— und F. Miklosich: Acta et diplomata Graeca medii aevi sacra et profana. CXX, p. XX.

Münz, W. Bernhard: Protagoras und kein Ende. CXII. 687.

***Mundart** der slovakischen Zigeuner: Die —. —. Sova. CXII. 532.

*— — Vorlage der Pflichtexemplare des mit Unterstützung der Akademie erschienenen Werkes: Die — —. Sova. CXIV. 377.

Municipium aus der Communal-Bibliothek in Verona: Dankschreiben für Zuwendung akademischer Schriften. CXX, p. V.
Museum Carolino-Augusteum in Salzburg: Jahresbericht des — — für 1885. CXIII. 793.
— — für Kunst und Industrie, Direction: Uebermittlung einer aus Anlass der am 4. November 1887 erfolgten Enthüllung des Eitelberger-Denkmals geprägten Medaille in Silber. CXV. 201.
— — Ein ‚Rückblick auf die Geschichte des Museums‘, ein ‚Illustrirter Katalog der Ornamentstichsammlung‘, ‚Die ägyptischen Textilfunde im Museum‘ von A. Riegl und ‚Die alten Zunft- und Verkehrsordnungen der Stadt Krakau, von Bruno Bucher. CXVIII, p. XXI.
Mussafia, Ad., w. M.: Studien zu den mittelalterlichen Marienlegenden I. CXIII. 792, 917—994; II. CXIV. 521. CXV. 5—92; III. CXIX, p. XIV, IX.
Musuk-Sprache: Die — — in Central-Afrika. Nach den Aufzeichnungen von Gottlob Adolf Krause herausgegeben von Fried. Müller. CXII. 353—421.

N.

Nachlese zu den Bruchstücken der griechischen Tragiker. Gomperz. CXVI. 3—52.
Nagl, Alfred, Dr.: Gerbert und die Rechenkunst des 10. Jahrhunderts. CXVI. 538, 861—922.
*****Napoleon** Bonaparte: Berichte des k. k. Commissarius Bartholomäus Freiherrn von Stürmer aus St. Helena zur Zeit der dortigen Internirung — —. Schlitter. CXI. 645.
*****Napoleoniden**: Kaiser Franz I. und die — vom Sturze Napoleons I. bis zu dessen Tode. Schlitter. CXVI. 453.
Nasalvocale: Der Lautwerth der — im Altpolnischen. Leciejewski. CXI. 873—1035.
Nationalbibliothek in Madrid: Bibliotheca patrum latinorum Hispaniensis. Hartel. Nach Aufzeichnungen Dr. Gustav Loewe's. IV. CXIII. 47—128; V. CXIII. 215—284.

Naturhistorisches Hofmuseum, k. k. Intendant: Dankschreiben für die dem Institute überlassenen Separatabdrücke von Pfizmaier's akademischen Abhandlungen. CXVII, p. XV.

Nauck, August, Dr., Geheimrath, c. M.: Dankschreiben für seine Wahl zum correspondirenden Mitgliede. CXX, p. V.

Navasâhasânkacharita: Ueber das — des Dichters Padmagupta, genannt Parimala. Bühler und Zachariae. CXVI. 583 bis 630.

*****Necrologium** des ehemaligen Augustiner-Chorherrenstiftes St. Maria in Juna oder Eberndorf. Schroll. CXII. 422.

* — des ehemaligen Collegiatstiftes Spital am Pyrn. Schroll. CXIV. 307.

* — Das — der österreichischen Minoritenprovinz. Maurer. CXIV. 520.

* — des ehemaligen Benedictinerstiftes zu Ossiach in Kärnten. Schroll. CXVI. 713.

* — des Kathedralcapitels der regulirten Chorherren von Gurk. Schroll. CXVIII, p. XXII.

*****Nederlandsch-chineesch** Woordenboek. Schlegel. I. Theil, 4. Lieferung. CXII. 740; II. Theil, 1. Lieferung. CXIV. 211; II. Band, 2. Lieferung. CXIV. 637; II. Band, 3. Lieferung. CXVI. 191; IV. Band, 1. Lieferung. CXVII, p. XV.

*****Néerlandais**: Les récents voyages des — à la Nouvelle Guinée. Bonaparte. CXII. 93.

Negerportugiesische: Ueber das — von Annobom. Schuchardt. CXVI. 193—226.

Neubauer, Johann, Realschulprofessor: Altdeutsche Idiotismen der Egerländer Mundart. CXIII. 613.

*****Neuenglische** Metrik: Ansuchen um einen Druckkostenbeitrag zur Herausgabe des vorgelegten Manuscriptes — —. Schipper. CXIII. 497.

* — Grammatik. Erste Hälfte: Verslehre. Schipper. CXVII, p. V.

* — Metrik: Vorlage der Pflichtexemplare. Schipper. CXVIII, p. VII.

Neumann-Spallart, F. Ritter von, Hofrath: Mittheilung von dem Inslebentreten des internationalen statistischen Institutes und zugleich Zusendung des I. Bandes des ‚Bulletin de l'institut international'. CXII. 740.

— Bulletin de l'institut international de statistique. CXIV. 383.

Neustadt zu Prag, Direction des k. k. böhmischen Obergymnasiums in der — —: Dankschreiben für der Anstalt überlassene Separatabdrücke und Werke. CXV. 199.
Neuwirth, Josef, Dr.: Studien zur Geschichte der Miniaturmalerei in Oesterreich. CXII. 426, CXIII. 129—211.
— Die Wochenrechnungen und der Betrieb des Prager Dombaues in den Jahren 1372—1378. CXVII, p. XV.
— Dankschreiben für die bewilligte Subvention. CXIX, p. X.
— Vorlage der Pflichtexemplare des mit Unterstützung der kaiserlichen Akademie erschienenen Werkes ‚Die Wochenrechnungen und der Betrieb des Prager Dombaues in den Jahren 1372—1378'. CXX, p. XXI.
Nigra, Graf, italienischer Botschafter am Wiener Hofe: Canti popolari del Piemonte. CXVIII, p. XXI.
*****Niobe:** Mittheilung betreffend das klagende Bild der in Gestein verwandelten —. Benndorf. CXIV. 307.
Nöldeke, Theodor, Professor, c. M.: Dankschreiben für seine Wahl zum correspondirenden Mitgliede. CXV. 1.
— Persische Studien. CXVI. 250, 387—423.
Notizen: Lexikographische — nach neuen arabischen Quellen. Kremer. CXII. 3, 5—27.
*****Notker:** Die vorhandenen und verschollenen Handschriften von —. III. Labeo Psalmenübersetzung. Kelle. CXVI. 538.
Numismatische Gesellschaft in Wien: Einladung zur ausserordentlichen Versammlung am 8. December 1888 und zum Besuche der Kaiser Franz Josefs-Ausstellung. CXVII, p. XXVI.

O.

*****Oesterreicher** an italienischen Universitäten zur Zeit der Reception des römischen Rechtes. Luschin-Ebengreuth. CXII. 267.
*****Oesterreichische** Geschichts- und Literaturkunde: Kleine Beiträge zur — —. Huemer. CXIV. 379.
*— Monasteriologie: Die Klöster in Krain. Studien zur — —. Milkowicz. CXVIII, p. XV.
*— Politik: Studien zur Geschichte der — —. I. Oesterreich und Russland. Pribram. CXIX, p. XI.

*Oesterreichisches Städtebuch: Statistische Berichte der grösseren österreichischen Städte aus Anlass des IV. internationalen demographischen Congresses. Mischler. CXV. 96.
Oesterreich-Ungarn: Geographisches Namenbuch von — —. Umlauft. CXI. 799.
*Olmützer Gerichtsordnung: Die — — vom Jahre 1550 aus dem Stadtbuche Nr. 64 des Olmützer Stadtarchivs. Saliger. CXIV. 86.
Oppolzer, Theodor Ritter von, Hofrath, w. M.: Gedenken des Verlustes, den die Akademie durch sein am 26. December 1886 erfolgtes Ableben erlitten hat. CXIV. 1.
*Organisation der Centralverwaltung: Die — — unter Kaiser Maximilian. I. Adler. CXII. 28.
Orientalisches Institut der Wiener Universität: Wiener Zeitschrift für die Kunde des Morgenlandes. I. Band. CXVI. 191.
Orientalisten-Congress, internationaler, Organisations-Comité: Einladung zur Theilnahme an dem am 27. September 1886 stattfindenden — —. CXII. 504.
*— Eröffnungsrede des Präsidenten beim siebenten — — am 27. September 1886. Kremer. CXIII. 374.
— Verhandlungen des siebenten — —. Arische Section. Bühler. CXVI. 429.
*Ornament und Form der attischen Grabstelen. Brueckner. CXII. 426.
*Orthographie: Zur deutschen —. Kuhač. CXII. 422.
*Ortschafts- und Bevölkerungsstatistik von Bosnien und der Herzegowina nach dem Volkszählungsergebnisse vom 1. Mai 1885. k. u. k. Gesammt-Ministerium. CXII. 532.
Ossiach: Necrologium des ehemaligen Benedictinerstiftes zu — — in Kärnten. Schroll. CXVI. 713.
Ostgothische Heldensage: Ueber die — —. Heinzel. CXIX. III.
Ott, Emil, Professor: Die Tabula juris der Klosterbibliothek zu Raigern. Ein Beitrag zur Literaturgeschichte des canonischen Rechtes im 13. Jahrhundert. CXVII, p. X. IV.
Ottenthal, von, Dr. und Dr. Redlich: Auffindung von 35 bis jetzt unbekannten tirolischen Weisthümern. CXIII. 692.
*Ottokar von Böhmen: Ueber das Rechtsverfahren Rudolfs von Habsburg gegen — —. Zeissberg. CXIII. 213.

P.

Padmagupta, genannt Parimala: Ueber das Navasâhasâṅkacharita des Dichters — —. Bühler und Zachariae. CXVI. 583–630.

Pajk, Johann, Dr.: Francis Bacon's Forschungstheorie. Ein Beitrag zur Geschichte der Philosophie und Erkenntnisslehre. CXX, p. XIII.

*****Palimpsest** der ‚lex Romana Wisigothorum': Bericht über einen in der Bibliothek der Kathedrale von Leon (Spanien) gefundenen — —. Beer. CXV. 93.

*****Palimpsestfragmente**: Mittheilungen über den vorläufigen Abschluss der Lesung und Erklärung der neuen — zu Sallust's Historien. Hauler. CXIII. 579.

Paolo Mattia Doria: Zwei philosophische Zeitgenossen und Freunde G. B. Vico's. I. Werner. CXI. 723—796.

*****Papers** of the American school of classical studies at Athens. Vol. III. The Wolfe expedition to Asia minor by J. R. Sitlington-Sterret. CXVII, p. VIII.

*****Papiers** de Barthélemy, ambassadeur de France en Suisse 1792–1797, welche sich auf das Jahr 1792 und den Januar bis August 1793 beziehen. CXVI. 537.

*****Papyrus** der Sammlung des Erzherzogs Rainer: Eine vermeintliche Tragödie des Euripides und ein — —. Gomperz. CXII. 158.

— -**Sammlung** Sr. kais. Hoheit des Herrn Erzherzogs Rainer: Mittheilung dass dieselbe das k. k. Museum für Kunst und Industrie bezogen habe und Einladung zum Besuche derselben. Karabacek. CXII. 532.

*— Erzherzog Rainer: Mittheilungen aus der Sammlung der — —. Karabacek. I. Band, 1. und 2. Heft. CXIII. 497; 3. und 4. Heft. CXIV. 375; II. und III. Band. CXV. 421; IV. Band. CXVII, p. XII; V. Band, 1. und 2. Heft. CXVIII, p. XXI.

*— —. Die mikroskopische Untersuchung des Papieres aus der — —. Wiesner. CXV. 440.

Paradiesgarten: Der — der altdeutschen Genesis. Zingerle. CXII. 785—805.

Paris, Gaston, Mitglied des Institutes in Paris, c. M.: Dankschreiben für seine Wahl zum correspondirenden Mitgliede. CXVII, p. XXVI.

*****Pariser** Papyri: Die — — aus dem Funde von El-Faiûm. Wessely. CXVIII, p. XX.

Pastrnek, Franz, Dr.: Beiträge zur Lautlehre der slovakischen Sprache in Ungarn. CXV. 2, 203—352.

*****Patriciat**: Der — und das Fehderecht in den letzten Jahrzehnten der römischen Republik, eine staatsrechtliche Untersuchung. Büdinger. CXIII. 214.

Patristische Studien. I. Zu Tertullian de spectaculis, de idololatria. Hartel. XX. VI.

Paulitschke, Philipp, Professor: Beiträge zur Ethnographie und Anthropologie der Somâl, Galla und Harari, 1886, das Ergebniss seiner letzten wissenschaftlichen Reise in Ostafrika. CXIII. 612.

— Harar. Forschungsreise nach den Somâl- und Gallaländern Ostafrikas. CXVII, p. XVIII.

Paulus, E.: Die Cistercienserabtei Bebenhausen. CXVI. 1.

*****Pe-lö-thien**: Der chinesische Dichter —. Pfizmaier. CXII. 350.

Pereira, F. M. E.: Historia de Minas Ademas Sagad, rei de Ethiopia. CXVIII, p. XX.

Persische Studien. Nöldeke. CXVI. 387—423.

Petschenig, Michael, Professor: Corpus scriptorum ecclesiasticorum latinorum. XIII. Band. Werke Cassian's. II. Band. CXI. 868.

— — enthaltend Poetae christiani minores. Pars I. CXV. 1.

— — XVII. Band, enthaltend pars I von Johannis Cassiani opera. CXVI. 781.

Pettauer Stadtrecht: Das — — vom Jahre 1376. Bischoff. CXIII. 695—744.

Pfaff, L., Professor und Professor F. Hofmann: Fragmentum der Formula Fabiana. Sonderabdruck aus dem IV. Bande der Mittheilungen aus der Sammlung des Papyrus Erzherzog Rainer. CXVII, p. VII.

Pfizmaier, A., Dr., w. M.: Der Prophet Jesaias grönländisch. CXI. 647—722.

— Chinesische Begründung der Taolehre. CXI. 799, 801—867.

— Der chinesische Dichter Pe-lö-thien. CXII. 350.

— Die elegische Dichtung der Chinesen. CXIV. 381.

Pfizmaier, A., Dr., w. M.: Mittheilung von seinem am 18. Mai 1887 in Döbling erfolgten Ableben. CXIV. 383.

***Philosophiae** institutiones ad mentem divi Thomae Aquinatis. Sucona et Valés. CXIII. 613.

Philosophische Gedichte: Ueber die — — des Abul' alâ Ma'arry, eine culturgeschichtliche Studie. Kremer. CXVII. VI.

*— Wissenschaft: Ueber — — und ihre Propädeutik. Meinong. CXII. 425.

— Zeitgenossen und Freunde: Zwei — — G. B. Vico's. Werner. I. Paolo Mattia Doria. CXI. 723—796; II. Tommaso Rossi. CXII. 95—157.

***Philosophischer** und naturwissenschaftlicher Monismus, ein Beitrag zur Seelenlehre. Stern. CXI. 799.

Pichler, Friedrich, Professor: ‚Virunum'. Einsendung des zwölften Bogens des Werkes ‚Virunum' behufs Wahrung der Priorität. CXV. 441.

— ‚Virunum' mit Bildbeilagen. CXVII, p. XXV.

— König Boleslav II. von Polen. CXIX, p. XIV.

Pilgram, Direction des Obergymnasiums: Dankschreiben für die Ueberlassung von akademischen Publicationen. CXII. 425.

— Stadtrath: Dankschreiben für dem dortigen Gymnasium überlassene akademische Publicationen. CXII. 738.

Pisek, Direction der k. k. Ober-Realschule: Dankschreiben für die Ueberlassung akademischer Publicationen. CXVI. 713.

Platonische Aufsätze I: Zur Zeitfolge platonischer Schriften. Gomperz. CXIV. 741—768.

Poème satyrique: Un — — composé à l'occasion de la maladie du poète musicien Hérault d'insurrection Hor-Ut'A (APYΩΘΗΣ) (Papyrus de Vienne) nebst einem ‚Extrait de la revue égyptologique, troisième année, No. 4 (les droits des femmes dans l'ancienne Chaldée)'. Revillout. CXI. 798.

***Politik** König Sigmunds: Ein Blick in die — — gegen Polen in Bezug auf die Hussitenkriege. Lewicki. CXII. 738.

***Politische** Beziehungen: Die — — des deutschen Königs Albrecht I. zu Philipp IV. von Frankreich. Krenberger. CXIV. 213.

*— Correspondenz Friedrichs des Grossen. XIII. Band. CXII. 504; XIV. Band. CXIV. 86.

Polivka, Georg, Dr.: Ein Beitrag zur Geschichte der Apostelübersetzung bei den Südslaven. CXVII, p. XVIII.

Polnische Recension: Die — — der Magdeburger Urtheile und die einschlägigen deutschen, lateinischen und czechischen Sammlungen. Kałużniacki. CXI. 113—330.

*****Pompéi**: Les élections municipales de —. Willems. CXIII. 212.

Portugiesische Gesandtschaft in Wien: Mémoire sur l'abolution de l'esclavage et de la traite des noirs sur le territoire Portugais. CXX, p. XVIII.

Pott, August Friedrich, Geheimer Regierungsrath und Professor, c. M.: Mittheilung von seinem am 5. Juli 1887 in Halle erfolgten Ableben. CXIV. 689.

Prähistorische Commission: Mittheilungen. 1. Heft. CXVI. 711.

Prag, Senat der k. k. deutschen Universität: Dankschreiben für die dem historischen Seminar der Prager deutschen Universität überlassenen historischen Publicationen der Akademie. CXVII, p. V.

*****Prager** Dombau: Die Wochenrechnungen und der Betrieb des — — in den Jahren 1372—1378. Neuwirth. CXVII, p. XV.

Prašek, Justin, Professor: Geschichte der Könige von Medien. CXVIII, p. XVII.

Preisausschreibung: Mittheilung über die durch den Stadtrath von Barcelona erfolgte — von 20.000 Pesetas für das beste Originalwerk über spanische Archäologie. CXV. 93.

Preisgericht der Grillparzer-Stiftung für das Triennium 1887 bis 1890: Erich Schmidt in Berlin, Adolf Ritter von Sonnenthal, Ludwig Speidel, Josef Ritter von Weilen und Robert Zimmermann in Wien. CXVII, p. X.

*****Preisstiftungen** für die besten Arbeiten über zwei orientalische Themata: 1. Geschichte der semitischen Sprachen, und 2. Darstellung des Culturzustandes der Araber vor Mohammed. CXII. 267.

Pribram, Alfred Francis, Dr., Privatdocent: Berichte des kaiserlichen Gesandten Franz von Lisola. CXII. 423.

— Studien zur Geschichte Kaiser Leopolds I. (1. Die Entwicklung des Rheinbundes von 1658.) CXIV. 383.

— Beitrag zur Geschichte des Rheinbundes von 1658. CXV. 99—196.

— Zur Wahl Leopolds I. 1654—1658. CXVI. 426.

— Studien zur Geschichte der österreichischen Politik im nordischen Kriege 1654—1660. I. Oesterreich und Russland. CXIX. p. XI.

Prinz Eugen von Savoyen: Feldzüge des — —. XII. und XIII. Band. Kriegsarchiv. CXVI. 1.

* — — X. Band, den spanischen Feldzug von 1709 enthaltend. Rechberger von Rechkron. CXII. 504.

Privatbibliothek Sr. Majestät des Königs: Bibliotheca patrum latinorum Hispaniensis. VI. Hartel. Nach den Aufzeichnungen des Dr. Gustav Loewe. CXIII. 499—578.

Programm eines aus Anlass der im Jahre 1892 beabsichtigten Feier der vor 400 Jahren erfolgten Entdeckung Amerikas ausgeschriebenen internationalen literarischen Concurses. CXX. p. VI.

Prolegomena zum Liber diurnus. I. mit 1 Tafel. Sickel. CXVII. VII.

— — II., in welchem das Alter der vier im Diurnus vereinigten Theilsammlungen festzustellen versucht wird. Sickel. CXVII. XIII.

Prophet Jesaias: Der — — grönländisch. Pfizmaier. CXI. 647—722.

***Protagoras** und kein Ende. Münz. CXII. 687.

Q.

Quara-Sprache: Die — — in Abessinien. III. Reinisch. CXIV. 639—688.

***Quellen** zur Geschichte deutscher Rechtshörer in Italien. I. In italienischen Archiven und Sammlungen. Luschin-Ebengreuth. CXIII. 745—792; CXIV. 740; CXVIII. II.

Quellenstudien zum Laurentianischen Schisma (498—514). Stöber. CXII. 269—347.

R.

***Räumung** Belgiens: Zur Geschichte der — — und des polnischen Aufstandes (1794) nach Lacy's Vorträgen an den Kaiser. Zeissberg. CXV. 2.

Ranke, Leopold von, E.-M.: Mittheilung von seinem am 23. Mai 1886 zu Berlin erfolgten Ableben. CXII. 687.

***Rassen**: De sluik- en kroesharige — tuschen Selebes en Papua. Riedel. CXII. 504.

Rechberger von Rechkron, J. Ritter von: Feldzüge des Prinzen Eugen von Savoyen. XI. Band, enthaltend den spanischen Feldzug 1709. CXII. 504.

Rechenkunst: Gerbert und die — des 10. Jahrhunderts. Nagl. CXVI. 861—922.

*****Rechtschreibung** und Deutung: Beiträge zur — — türkischer geographischer Namen. CXIV. 215.

*****Rechtsgeschichte** Mährens: Streifzüge durch die — —. Fortsetzung. Ruber. CXII. 28.

*****Rechtsverfahren** Rudolfs von Habsburg: Ueber das — — gegen Ottokar von Böhmen. Zeissberg. CXIII. 213.

Redlich, Oswald, Dr.: Dankschreiben für die zur Herausgabe der Traditionsbücher des Hochstiftes Brixen (Acta Tirolensia, I. Band) gewährte Subvention. CXII. 504.

— Uebermittlung der von ihm mit Unterstützung der kais. Akademie herausgegebenen ‚Traditionsbücher des Hochstiftes Brixen vom 10.—14. Jahrhundert.' (Acta Tirolensia, tom. I.) CXII. 740.

Registrum multorum auctorum: Das — — des Hugo von Trimberg. Ein Quellenbuch zur lateinischen Literaturgeschichte des Mittelalters. Huemer. CXVI. 145—190.

Reich, Emil, Dr.: Gian Vincenzo Gravina als Aesthetiker. Ein Beitrag zur Geschichte der Kunstphilosophie. CXIX, p. XIII; CXX. II.

Reichl, Eduard, Dr.: Sorbische Nachklänge im Reussischen Unterlande. CXIV. 377.

— Robert, Dr.: Die slavischen Siedlungen im Herzogthum Koburg. CXVIII, p. XII.

Reichsarchiv in München: Archivalische Zeitschrift. XII. Band. CXVI. 144.

Reifferscheid, August, Professor, c. M.: Mittheilung von seinem am 10. November 1887 in Strassburg erfolgten Ableben. CXV. 421.

— et G. Wissowa: Quinti Septimi Florentis Tertulliani opera, ex recensione — —. XX. Band. CXX, p. XV.

Reinisch, Leo, Professor, w. M.: Die ‚Afar-Sprache'. I. CXI. 2, 5—112; II. CXIII. 794, 795—916; III. CXIV. 86, 89 bis 168.

— Vorlage des subventionirten Werkes ‚Die Bilin-Sprache'. II. Band, enthaltend das Wörterbuch. CXIII. 374.

Reinisch, Leo, Professor, w. M.: Subventionsansuchen zur Drucklegung des ersten, Texte enthaltenden Bandes seines Werkes 'Die Saho Sprache'. CXIV. 521.
— Die Quara-Sprache in Abessinien. III. CXIV. 637, 639 bis 688.
— Die Kafa-Sprache in Nordost-Afrika. I. CXVI. 1, 53—143; II. CXVI. 250, 251—386.
— Vorlage der Pflichtexemplare des subventionirten Werkes 'Die Saho-Sprache'. CXVIII. p. XIII.
— Ansuchen um einen Druckkostenbeitrag für die Herstellung des III. Bandes der Saho-Sprache, das Wörterbuch enthaltend. CXIX, p. VII.
— Die Kunama-Sprache in Nordost-Afrika. II. CXIX, p. IX. V.
***Reisebericht.** Beer. CXIV. 211.
*— über Palästina und Syrien des k. k. Hauptmanns Heinrich Himmel. CVI. 2.
Reisen in Lykien, Milyas und Kibyratis. Benndorf. CXVII. p. XXIX.
Reiseunterstützung: Bericht über die Verwendung der von der kais. Akademie bewilligten —. Hauler. CXIII. 579.
***Repertorium:** Gewährung der Zinsenmasse des Savigny-Stiftungsvermögens im Betrage von 4100 Reichsmark an das c. M. Professor Arnold Luschin von Ebengreuth zur Herstellung eines mit biographischen Notizen ausgestatteten — der bis zum Jahre 1630 an italienischen Rechtsschulen nachweisbaren deutschen Studenten mit Ausschluss jener, welche zu Bologna und nur da bis zum Jahre 1547 immatriculirt waren. CXII. 351.
Revillout, Eugène: Un poème satirique composé à l'occasion de la maladie du poète musicien Hérault d'insurrection Hor-Ut'A (ΑΡΥΩΘΗΣ [Papyrus de Vienne]) nebst einem 'Extrait de la revue égyptologique, troisième année, No. 4 (les droits des femmes dans l'ancienne Chaldée)'. CXI, 798.
***Reyes** gotos: Der Uebergang von den einheimischen Königen Spaniens, den — —, zu den alemannischen, den Habsburgern. I. Höfler. CXV. 421.
Rheinbund: Beitrag zur Geschichte des — von 1658. Pribram. CXV. 99—196.

Riedel, J. Gerard Friedrich: De sluik- en kroesharige Rassen tuschen Selebes en Papua. CXII. 504.
Riegl, A.: Die ägyptischen Textilfunde im Museum für Kunst und Industrie. CXVIII, p. XXI.
Ristelhuber, Paul: Deux dialogues du nouveau langage français italianizé par Henri Estienne. CXIV. 215.
Rockinger, Ludwig Ritter von, c. M.: Achter Bericht über die Untersuchung von Handschriften des sogenannten Schwabenspiegels. CXVIII. X.
— Neunter Bericht über die Untersuchung von Handschriften des sogenannten Schwabenspiegels. CXIX, p. X. VIII
— Zehnter Bericht über die Untersuchung der Handschriften des sogenannten Schwabenspiegels. CXIX, p. XVI. X.
— Elfter Bericht über die Untersuchung von Handschriften des sogenannten Schwabenspiegels. CXX, p. XI, IV.
— Zwölfter Bericht über die Untersuchung von Handschriften des sogenannten Schwabenspiegels. CXX, p. XIX. VII.
Römer und Westarier: Zeit und Schicksal bei — —, eine universalhistorische Studie. Büdinger. CXIII. 581—611.
Römisch-rechtliche Handschriften: Ueber vorgefundene — — der Universitätsbibliothek in Innsbruck. Schiffner. CXVIII, p. XII und XVII.
*****Romano-Catholici** per Moldaviam episcopatus et rei Romano-Catholicae res gestae. Schmidt. CXVI. 1.
Rosenthal, Eduard, Professor: Die Behördenorganisation Kaiser Ferdinands I., das Vorbild der Verwaltungsorganisation in den deutschen Territorien. CXIII. 213.
Roth, Rudolf von, Professor, E.-M.: Festgruss an Otto von Böhtlingk zum Doctorjubiläum 3. Februar 1888 von seinen Freunden. CXVI. 426.
Ruber, von, Dr., Landesgerichtsrath: Streifzüge durch die Rechtsgeschichte Mährens. Fortsetzung. CXII. 28.
*****Rudereinrichtung:** Die — der attischen Trieren. Kopecky. CXVI. 781.
Rudolf, Kronprinz, E.-M.: Ansprache des Präsidenten, in welcher er mit schmerzbewegten Worten des unermesslichen Verlustes gedenkt, den das Kaiserhaus, die Monarchie und die Wissenschaft durch den so urplötzlichen, erschütternden Tod Sr. k. u. k. Hoheit des durchlauchtigsten Kronprinzen Rudolf erlitten hat. CXVIII, p. X.

*Rudolf von Habsburg: Ueber das Rechtsverfahren — gegen Ottokar von Böhmen. Zeissberg. CXIII. 213.
*Rückblick auf die Geschichte des Museums für Kunst und Industrie. CXVIII, p. XXI.
Rzach, Alois, Professor: Kritische Studien zu den Sibyllinischen Orakeln. CXX, p. XXI.

S.

Sachau, Eduard, Professor: Eine altaramäische Inschrift von Limyra in Lycien, mit 1 Tafel. CXIV. 1, 3--7.
Sachsenspiegel: Die Entwicklung der Landrechtsglosse des —. VI. Die Fuldaer Glossenhandschrift. Steffenhagen. CXI. 412, 603—642.
— — VII. Der Glossenprolog. Steffenhagen. CXIII. 343.
— — VIII. Verzeichniss der Handschriften und Drucke. Steffenhagen. CXIV. 309—370.
— — IX. Die Ueberlieferung der Buch'schen Glosse. Steffenhagen. CXIV. 691—739.
* — Nachtrag zum Verzeichniss der Glossenhandschrift des —. Steffenhagen. CXVI. 424.
*Saho-Sprache: Subventionsansuchen zur Herausgabe des ersten, Texte enthaltenden Bandes eines Werkes über die — —. Reinisch. CXIV. 521.
*— — Die — —. Vorlage der Pflichtexemplare des subventionirten Werkes ‚Die — —'. Reinisch. CXVIII, p. XIII.
*— — Ansuchen um einen Druckkostenbeitrag für die Herstellung des II. Bandes der — —, das Wörterbuch enthaltend. Reinisch. CXIX, p. VII.
Saliger, Wilhelm, Professor: Die Olmützer Gerichtsordnung vom Jahre 1550 aus dem Stadtbuche Nr. 64 des Olmützer Stadtarchivs. CXIV. 86.
Salinen: Zur Verfassungsgeschichte der deutschen — im Mittelalter. Inama-Sternegg. CXI. 413. 569—602.
*Sallust's Historien: Fund neuer Bruchstücke aus — — in der Handschrift von Orléans Nr. 169. Hauler. CXIII. 426.
— — Neue Bruchstücke zu — —. Hauler. CXIII. 615 bis 690.

Salzburger Miniaturen des 15. Jahrhunderts. Studien zur Geschichte der Miniaturmalerei in Oesterreich. VI. Neuwirth. CXIII. 194—211.

Savigny-Commission: Ernennung des c. M. Herrn Professor Dr. F. Hofmann zum Mitgliede der — —. CXI. 643.

— — Achter Bericht über die Untersuchung von Handschriften des sogenannten Schwabenspiegels. Rockinger. CXIX, p. V.

— — Neunter Bericht über die Untersuchung von Handschriften des sogenannten Schwabenspiegels. Rockinger. CXIX, p. X. VIII.

— — Zehnter Bericht über die Untersuchung von Handschriften des sogenannten Schwabenspiegels. Rockinger. CXIX, p. XVI. X.

— — Eilfter Bericht über die Untersuchung von Handschriften des sogenannten Schwabenspiegels. Rockinger. CXX, p. XI. IV.

— — Zwölfter Bericht über die Untersuchung von Handschriften des sogenannten Schwabenspiegels. Rockinger. CXX, p. XIX. VII.

— — Vorlage der VI. Abhandlung Dr. Emil Steffenhagen's über die Entwicklung der Landrechtsglosse des Sachsenspiegels ‚Die Fuldaer Glossenhandschrift'. CXI. 412, 603—642.

— — Vorlage der VII. Abhandlung Dr. Emil Steffenhagen's über die Entwicklung der Landrechtsglosse des Sachsenspiegels, enthaltend den Glossenprolog. CXIII. 1, 3—43.

— — Vorlage der VIII. Abhandlung Dr. Emil Steffenhagen's über die Entwicklung der Landrechtsglosse des Sachsenspiegels, enthaltend ein Verzeichniss der Handschriften und Drucke. CXIV. 307, 309—370.

— — Vorlage der IX. Abhandlung Dr. Emil Steffenhagen's über die Entwicklung der Landrechtsglosse des Sachsenspiegels ‚Die Ueberlieferung der Buch'schen Glosse'. CXIV. 689, 691—739.

— **-Stiftung,** Curatorium: Beantragung mehrerer Abänderungen in dem Statut dieser Stiftung vom 27. März 1863. CXII. 741.

— — Mittheilung des Curatoriums, dass der von der kais. Akademie der Wissenschaften genehmigte Zusatz zu § 16 des Statuts der — — vom 27. März 1863 genehmigt worden ist. CXVI. 424.

Savigny-Stiftung. Curatorium: Gewährung der Zinsenmasse des Savigny-Stiftungsvermögens im Betrage von 4100 Reichsmark an das c. M. Professor Arnold von Luschin-Ebengreuth zur Herstellung eines mit biographischen Notizen ausgestatteten Repertoriums der bis zum Jahre 1630 an italienischen Rechtsschulen nachweisbaren deutschen Studenten mit Ausschluss jener, welche zu Bologna und nur da bis zum Jahre 1547 immatriculirt waren. CXII. 351.

— — Zinsenmasse des Stiftungsvermögens pro 1887 im Betrage von 4300 Reichsmark zur Verfügung gestellt. CXIV. 414.

— Stiftungscommission: Acta nationis Germanicae universitatis Bononiensis 1887. CXV. 423.

— Stiftungsvermögen: Ueberweisung von 4000 Reichsmark zu Gunsten des Unternehmens eines Wörterbuches der classischen römischen Rechtswissenschaft und von 3700 Reichsmark an Herrn Dr. O. Günther zur Herstellung der Ausgabe der Avellana nach dem Plane Paul Ewald's. CXVII, p. V.

***Savoneser** Columbus-Urkunden: Ueber — —. Büdinger. CXV. 423.

Schaffer, W., Custos: Hernstein in Niederösterreich, sammt einem Plane und Skelete zu dem Plane des Parkes in Hernstein, ferner eine Schrift über eine Teufelsbeschwörung zu Starhemberg und Pläne und Ansichten von Hernstein aus den Jahren 1853—1883. CXVIII. p. VIII.

***Schelmenroman:** Der erste —. Lazarillo von Tormes. Lauser. CXIX, p. IX.

Schenkl, C., Hofrath, w. M.: Corpus scriptorum ecclesiasticorum latinorum, enthaltend Poetae-christiani minores pars I. CXV. 1.

— Heinrich, Professor: Die epiktetischen Fragmente. Eine Untersuchung zur Ueberlieferungsgeschichte der griechischen Florilegien. CXV. 201, 443—546.

Schepps, Georg, Professor: Die ältesten Evangelienhandschriften der Universitätsbibliothek. CXIV. 375.

— Corpus scriptorum ecclesiasticorum latinorum, enthaltend Priscilliani quae supersunt. CXVII, p. XXII.

Scherer, Wilhelm, Geheimer Regierungsrath und Professor, c. M.: Gedenken des am 6. August 1886 erfolgten Ablebens desselben. CXIII. 212.

Scherzer, von, k. k. Ministerialrath und Generalconsul: Das wirthschaftliche Leben der Völker. CXI. 412.

Schiff, Josef: Stenographisches Wörterbuch (System Gabelsberger) mit Wiener und Dresdener Schreibweisen. CXVI. 1.

Schiffner, Ludwig, Professor: Ueber vorgefundene römischrechtliche Handschriften der k. k. Universitätsbibliothek in Innsbruck. CXVIII, p. XII und XVII.

Schilling, Leonhard: Zur Geschichte des Humanismus in den Alpenländern. Biographie, Charakteristik und Inhaltsangabe der Werke des 1474 zu Hallstatt geborenen, am 11. Februar 1540 verstorbenen Mondseer Benedictiners — —. Horawitz. CXIV. 769—826.

Schipper, Jakob, Professor, c. M.: Dankschreiben für seine Wahl zum correspondirenden Mitgliede. CXIII. 212.

— Ansuchen um einen Druckkostenbeitrag zur Herausgabe des vorgelegten Manuscriptes ‚Neuenglische Metrik'. CXIII. 497.

— Dankschreiben für die seinem Werke ‚Neuenglische Metrik' zu Theil gewordene Subvention. CXIII. 793.

— William Dunbar. Ein Beitrag zur schottisch-englischen Literatur- und Culturgeschichte. CXIV. 211.

— Die zweite Version der mittelenglischen Alexiuslegenden. CXIV. 215, 231—306.

— w. M.: Begrüssung desselben als neu eingetretenes Mitglied. CXV. 1.

— Vorlage der Pflichtexemplare der mit Unterstützung der kais. Akademie herausgegebenen ‚Neuenglischen Grammatik. Erste Hälfte: Verslehre'. CXVII, p. V.

— Vorlage der Pflichtexemplare seiner mit Unterstützung der kais. Akademie erschienenen ‚Neuenglischen Metrik'. CXVIII, p. VII.

— Zur Kritik der Shakspere-Bacon-Frage. CXX, p. XVIII.

Schlegel, Dr., Professor: Nederlandsch-chineesch Woordenboek. I. Theil, 3. Lieferung. CXII. 267; I. Theil, 4. Lieferung. CXII. 740; II. Theil, 1. Lieferung. CXIV. 211; II. Band. 2. Lieferung. CXIV. 637; II. Band, 3. Lieferung. CXVI. 191; IV. Band, 1. Lieferung. CXVII, p. XV; IV. Band, 2. Lieferung. CXX, p. VI.

Schliemann, Heinrich, Dr.: Ersuchen um Bestimmung eines Gelehrten oder mit archäologischen Forschungen vertrauten Technikers als unparteiischen Zeugen bei beabsichtigten Ausgrabungen in Hissarlik. CXX, p. VIII.

Schlitter, Hans, Dr.: Bericht des k. k. Commissärs Bartholomäus Freiherrn von Stürmer aus St. Helena zur Zeit der dortigen Internirung Napoleon Bonaparte's. CXI, 645.

— Französische Uebersetzung seiner im LXVII. Bande des Archivs veröffentlichten ‚Berichte des k. k. Commissärs Bartholomäus Freiherrn von Stürmer aus St. Helena aus der Zeit der dortigen Internirung Napoleon Bonaparte's 1816—1818'. CXV. 201.

— Kaiser Franz I. und die Napoleoniden vom Sturze Napoleons I. bis zu dessen Tode. CXVI. 453.

Schmerling, Anton Ritter von, Excellenz, Curator-Stellvertreter: Dankschreiben für die ihm anlässlich des 25jährigen Jubiläums des h. Curatoriums in der am 10. März 1886 abgehaltenen feierlichen Sitzung zu Theil gewordene Begrüssung. CXII. 348.

Schmidt, Erich, Professor: Mittheilung seiner Wahl zum Preisrichter der Grillparzer-Stiftung. Zimmermann. CXIII. 995.

— Wilhelm: Romano-Catholici per Moldaviam episcopatus et rei Romano-Catholicae res gestae. CXVI. 1.

Schnürer, Franz, Dr.: Weisthümerfunde der kais. Akademie zur Verfügung gestellt. CXIII. 995.

— Geschenk der Taidingsbüchlein von Brunn im Felde, Engelmannsbrunn, Falkenberg, Gedersdorf, Unter-Rohrendorf und Neu-Weidling, Stratzdorf, Gross-Weikersdorf, Gross- und Klein-Wiesendorf und Winkel. CXIV. 521.

Schönach, Ludwig: Ansuchen um eine Reiseunterstützung zur rascheren Ausarbeitung der Regesten zur Geschichte der tirolischen Landesfürsten aus dem Hause der Görzer. CXVII, p. XII.

— Dankschreiben für die bewilligte Subvention. CXVII, p. XV.

Schöner: Der verschollene Globus des Johannes — von 1523. Wieder aufgefunden und kritisch gewürdigt. (Mit einer Tafel.) Wieser. CXVII. V.

Schroll, P. Beda: Necrologium des ehemaligen Augustiner-Chorherrenstiftes St. Maria in Juna oder Eberndorf. CXII. 422.

Schroll, P. Beda: Urkundenregesten zur Geschichte des Hospitals am Pyrn. CXIV. 307.
— Necrologium des ehemaligen Collegiatstiftes Spital am Pyrn. CXIV. 307.
— Necrologium des ehemaligen Benedictinerstiftes zu Ossiach in Kärnten. CXVI. 713.
— Necrologium des Kathedralcapitels der regulirten Chorherren von Gurk. CXVIII, p. XXII.
Schuchardt, Hugo, Professor, c. M.: Kreolische Studien. VII. Ueber das Negerportugiesische von Annobom. CXVI. 191, 193—226; VIII. Ueber das Annamito-Französische. CXVI. 227—234.
*****Schulprogramme:** Eine Sammlung der —. Einsiedeln. CXI. 2.
Schulte, Dr. J. Friedrich von, Geh. Justizrath und Professor, c. M.: Vier Weingartner, jetzt Stuttgarter Handschriften. (Mit einer Tafel.) CXVII, p. XXV. XI.
— Ansuchen um Gewährung eines Druckkostenbeitrages zur Herausgabe seines Werkes ‚Summa über das Gratianische Decret von Paucapalea, Rufinus und Stephanus Tornacensis'. CXX, p. XIII.
Schultz, Alwin, Professor: Das höfische Leben zur Zeit der Minnesänger. I. Band der 2. Auflage. CXVIII. p. XVIII; II. Band. CXX, p. XIX.
Schwabenspiegel: Achter Bericht über die Untersuchungen von Handschriften des sogenannten —. Rockinger. CXVIII. X.
— Neunter Bericht über die Untersuchung von Handschriften des sogenannten —. Rockinger. CXIX. VIII.
— Zehnter Bericht über die Untersuchung von Handschriften des sogenannten —. Rockinger. CXIX. X.
— Eilfter Bericht über die Untersuchung von Handschriften des sogenannten —. Rockinger. CXX. IV.
— Zwölfter Bericht über die Untersuchung von Handschriften des sogenannten —. Rockinger, CXX. VII.
Schwitzer, P. Basilius, Professor: Subventionsansuchen zur Edition der Urbare der Stifte Marienberg und Münster, des Peter von Liebenberg-Hohenwart und Hannsens von Annenberg in dem III. Bande der ‚Tirolischen Geschichtsquellen'. CXVIII. p. VIII.
— Dankschreiben für bewilligte Subvention. CXIX. p. X.

*Senatusconsultum von Lagina: Schreiben in Betreff des — —. Foucart. CXII. 94.

Sendraka-Inschrift: Eine — — aus Gujarat. Bühler. CXIV. 217—230.

Seneca: Kritische Studien zu den kleineren Schriften des Philosophen —. Müller. CXVIII. I.

Serbische Dynasten Crnojević: Die — —; ein Beitrag zur Geschichte von Montenegro. Miklosich. CXII. 28, 29—92.

*Sertorianischer Krieg: Kritische Studien über Chronologie und Geschichte des — —. Bieńkowski. CXVIII, p. XIX.

*Shakspere-Bakon-Frage: Zur Kritik der — —. Schipper. CXX, p. XVIII.

Shanghai-Dialekt: Ueber einige Lautcomplexe des — —. Kühnert. CXVI. 235—249.

*Sibyllinische Orakel: Kritische Studien zu den —. Rzach. CXX, p. XXI.

Sickel, Theodor Ritter von, Hofrath, w. M.: Mittheilung von der Auffindung von 35 bis jetzt unbekannten tirolischen Weisthümern. CXIII, 692.

— Prolegomena zum Liber diurnus. I, mit einer Tafel. CXVII, p. XVI. VII.

— — II, in welchem das Alter der vier im Diurnus vereinigten Theilsammlungen festzustellen versucht wird. CXVII, p. XXVIII. XIII.

— Vorlage der Pflichtexemplare des im Auftrage der kais. Akademie herausgegebenen ‚Liber diurnus Romanorum Pontificum'. CXVIII, p. XI.

— Mittheilung betreffend die Handschriften des Liber diurnus. CXIX, p. IX.

Siegler von Eberswald, H., k. k. Hauptmann: Die Feldzüge des Prinzen Eugen von Savoyen. XIV. Band oder ‚Spanischer Successionskrieg, Feldzug 1712'. CXVIII, p. XXII.

Simon, Jakob, Dr.: Studien zu den griechischen Rechtsalterthümern. I. CXVII, p. XXIII.

Singer, Heinrich, Professor: Summa des Rufinus betreffende Mittheilung. CXX, p. XVII.

*Sitlington-Sterret, J. R.: Papers of the American school of classical studies at Athens. Vol. III. The Wolfe expedition to Asia minor by — —. CXVII, p. VIII.

*Sixtus von Freising: Aus den Correspondenzbüchern des Bischofs — —, 1474—1495. Mayer, Franz Martin. CXII. 350.

Skythischer Norden: Kritik der ältesten Nachrichten über den — —. I. Theil. Ueber das arimaspische Gedicht des Aristeas. Tomaschek. CXVI. 715—780.

— — II. Die Nachrichten Herodot's über den skythischen Karawanenweg nach Innerasien. Tomaschek. CXVII. I.

*Slaven: Die Blutrache bei den —. Miklosich. CXIV. 1.

Slavische, magyarische und rumunische Elemente: Die — — im türkischen Sprachschatz. Miklosich. CXVIII. V.

*— Siedlungen: Die — — im Herzogthum Koburg. Reichl. CXVIII, p. XII.

*Slavisches Volksepos: Die Darstellung im — —. Miklosich. CXIX, p. XIII.

Slovakische Sprache in Ungarn: Beiträge zur Lautlehre der — —. Pastrnek. CXV. 203—352.

*Social-politische Zustände: Die — — der böhmischen Kronländer um die Mitte des 14. Jahrhunderts. Werunsky. CXVIII, p. XI.

Société Française d'Archéologie in Compiègne: Einladung zu dem am 12. Juni 1888 in Dax und Bayonne abzuhaltenden Congresse. CXVI. 517.

*Sorbische Nachklänge im Reussischen Unterlande. Reichl. CXIV. 377.

*Souvenirs de Querétaro. Leclercq. CXIV. 8.

Sowa, Rudolf von, Professor, Dr.: Subventionsansuchen zur Herausgabe des Manuscriptes: ‚Die Mundart der slovakischen Zigeuner'. CXII. 532.

— Dankschreiben für die ihm bewilligte Subvention zur Herausgabe seines Werkes: ‚Die Mundart der slovakischen Zigeuner'. CXIII. 212.

— Vorlage der Pflichtexemplare seines mit Unterstützung der kais. Akademie erschienenen Werkes: Die Mundart der slovakischen Zigeuner. CXIV. 377.

Spanische Archäologie: Mittheilung, dass durch den Stadtrath von Barcelona die Ausschreibung eines Preises von 20.000 Pesetas für das beste Originalwerk über — — vergeben werden wird. CXV. 93.

Specialkarte der österreichisch-ungarischen Monarchie: Uebermittlung der 30. Lieferung der neuen — —. K. k. militärgeographisches Institut. CXI. 412.
— — Uebermittlung der 31. Lieferung der neuen — —. CXII. 160.
— — Uebermittlung der 32. Lieferung der neuen — —. CXIII. 1.
— — Uebermittlung der 33. Lieferung der neuen — —. CXIII. 374.
— — Uebermittlung der 34. Lieferung der neuen — —. CXIV. 211.
— — Uebermittlung der 35. Lieferung der neuen — —. CXIV. 689.
— — Uebermittlung der 36. Lieferung der neuen — —. CXV. 93.
— — Uebermittlung der 37. Lieferung der neuen — —. CXVI. 424.
— — Uebermittlung der 38. Lieferung der neuen — —. CXVII, p. XV.
Spinoza: Ueber die geometrische Methode des —. Wahle. CXVI. 431—452.
Spinoza's Ethik: Ueber das Verhältniss zwischen Substanz und Attribut in — —. Wahle. CXVII. VIII.
— Die Glückseligkeitslehre der Ethik des —. Wahle. CXIX. XI.
*****Spital am Pyrn**: Necrologium des ehemaligen Collegiatstiftes — —. Schroll. CXIV. 307.
Stadtrecht: Das Pettauer — vom Jahre 1376. Bischoff. CXIII. 695—744.
*****Standesregister** in Oesterreich: Die — —. Statistische Central-Commission. CXX, p. VI.
***— — Einige Bemerkungen über die Erhebung der — —. Inama-Sternegg. CXX, p. VII.
Stangl, Th.: Zu Cassiodorius Senator. CXIV. 383, 405—413.
Statistische Central-Commission, k. k.: Die Standesregister in Oesterreich. CXX, p. VI.
Statut der Savigny-Stiftung: Beantragung mehrerer Abänderungen in dem — — vom 27. März 1863. CXII. 741.
Steffenhagen, Emil, Dr., Oberbibliothekar: Die Entwicklung der Landrechtsglosse des Sachsenspiegels. VI. Die Fuldaer Glossenhandschrift. CXI. 412, 603—642.

Steffenhagen, Emil, Dr., Oberbibliothekar: Die Entwicklung der Landrechtsglosse des Sachsenspiegels: VII. Der Glossenprolog. CXIII. 1, 3—43.
— — VIII. Verzeichniss der Handschriften und Drucke. CXIV. 309—370.
— — IX. Die Ueberlieferung der Buch'schen Glosse. CXIV. 689, 691—739.
— Nachtrag zu seinem Verzeichniss der Glossenhandschriften des Sachsenspiegels. CXVI. 424.
*Steirische Ennsthal: Die Landesgrenze von 1254 und das — —. Lampel CXIV. 307.
*Stenographisches Wörterbuch (System Gabelsberger) mit Wiener und Dresdener Schreibweisen. Schiff. CXVI. 1.
Stern, M. L., Dr.: Philosophischer und naturwissenschaftlicher Monismus, ein Beitrag zur Seelenlehre. CXI. 799.
Steyerische Reimchronik: Beiträge zur Kritik der — — und zur Reichsgeschichte im 13. und 14. Jahrhundert. II. Die Wahl Adolfs von Nassau. Busson. CXIV. 9—85.
— — III. Der Bericht über den Sturz Adolfs von Nassau. Mit 2 Kartenskizzen. Busson. CXVII. XIV.
St. Florianer Missalien: Die — —. Studien zur Geschichte der Miniaturmalerei in Oesterreich. III. Neuwirth. CXIII. 146—174.
*St. Helena: Bericht des k. k. Commissarius Bartholomäus Freiherrn von Stürmer aus — — zur Zeit der dortigen Internirung Napoleon Bonaparte's. Schlitter. CXI. 645.
Stich, Ignaz, Dr.: Ueber den Convent zu Nizza und die Zusammenkunft in Aiguesmortes 1538; vorzüglich nach venetianischen Quellen. Ein Beitrag zur Geschichte Carls V. CXII. 422.
Stiftsbrief: Der — der Augustinercanonie Tirnstein und Gregors Moralia zum Buche Job in Herzogenburg. Studien zur Geschichte der Miniaturmalerei in Oesterreich. IV. Neuwirth. CXIII. 174—188.
Stöber, Fritz, Dr.: Quellenstudien zum Laurentianischen Schisma (498—514). CXII. 94, 269—347.
*Streifzüge durch die Rechtsgeschichte Mährens. Fortsetzung. Ruber. CXII. 28.
Štrekelj, Carl, Dr.: Morphologie des Görzer Mittelkarstdialektes mit besonderer Berücksichtigung der Betonungsverhältnisse. CXII. 1; CXIII. 377—496.

Strzygowski, Josef, Dr.: Subventionsansuchen zur Herausgabe des Werkes: Cimabue und Rom, Funde und Forschungen zur Kunstgeschichte und Topographie der Stadt Rom. CXIV. 521.
— Vorlage der Pflichtexemplare seiner mit Unterstützung der kais. Akademie erschienenen Schrift: Cimabue und Rom. CXV. 2.

Studien zu den mittelalterlichen Marienlegenden. Mussafia. I. CXIII. 917—994; II. CXV. 5—92; III. CXIX. IX.
— zur Geschichte der Miniaturmalerei in Oesterreich. Neuwirth. CXIII. 129—211.
— zur vergleichenden Culturgeschichte, vorzüglich nach arabischen Quellen. Kremer. I und II. CXX. III; III und IV. CXX. VIII.

*Stürmer, Bartholomäus Freiherr von: Berichte des k. k. Commissarius — — aus St. Helena zur Zeit der dortigen Internirung Napoleon Bonaparte's. Schlitter. CXI. 645.

Substanz und Attribut: Ueber das Verhältniss zwischen — — in Spinoza's Ethik. Wahle. CXVII. VIII.

Sucona et Vallés, Thomas: Philosophiae institutiones ad mentem divi Thomae Aquinatis. CXIII. 613.

Südosteuropäische Sprachen: Ueber die Einwirkung des Türkischen auf die — —. Miklosich. CXX. I.

Sukṛitasaṁkīrtana: Ueber das — des Arisiṁha und des Amarapaṇḍita. Bühler. CXIX. VII.

*Sullanisches Senatusconsult: Mittheilung des — — von Lagina. Benndorf. CXI. 870.

*Summa des Rufinus betreffende Mittheilung. Singer. CXX, p. XVII.

Swiécianowsky, Jules, Architekt: Essai sur l'échelle musicale comme loi de l'harmonie dans l'univers et dans l'art, 1881, und „La loi de l'harmonie dans l'art grec et son application à l'architecture moderne, 1888". CXVII, p. XXII.

T.

Tabula juris: Die — — der Klosterbibliothek zu Raigern. Ein Beitrag zur Literatur des canonischen Rechtes im 13. Jahrhundert. Ott. CXVII. IV.

*Taidingsbüchlein von Brunn im Felde, Engelmannsbrunn, Falkenberg, Gedersdorf, Unter-Rohrendorf und Neu-Weidling, Stratzdorf, Gross-Weikersdorf, Gross- und Klein-Wiesendorf und Winkel. Geschenk des Dr. Schnürer. CXIX. 521.

Talice de Ricaldone, Stefano: ‚Divina Commedia' sammt Commentar. CXIII 691.

Taolehre: Chinesische Begründung der —. Pfizmaier. CXI. 801—867.

Technische Hochschule, k. k., in Wien, Rectorat: Reden, gehalten bei der feierlichen Inauguration der — — pro 1885/86. CXII. 425.

*Tempel der Vesta: Der — — und das Haus der Vestalinnen. Auer. CXIV. 415.

Testament: Das alte — der Bibel des Abtes Walther von Michaelbeuern. Studien zur Geschichte der Miniaturmalerei in Oesterreich. II. Neuwirth. CXIII. 139—146.

Theophrast: Ueber die Charaktere —. Gomperz. CXVII. X.

Theorie der mathematischen Erkenntniss: Beiträge zur — —. Zindler. CXIX. IX.

Thun und Hohenstein, Leopold Leo Graf, E.-M.: Mittheilung von seinem am 17. December 1888 erfolgten Hinscheiden. CXVII, p. XXIX.

*Tirolische Weisthümer: Burggrafenamt und Etschthal. Zingerle und Egger. CXV. 441.

Todesanzeigen. CXI. 1; CXI. 1; CXII. 1; CXII. 425; CXII. 687; CXII. 687; CXIII. 212; CXIII. 212; CXIV. 1; CXIV. 211; CXIV. 383; CXIV. 414; CXIV. 689; CXV. 421; CXV. 440; CXVI. 537; CXI. 537; CXVII, p. XIV; CXVII, p. XXII; CXVII, p. XXIX; CXVIII, p. X; CXX, p. VI; CXX, p. VI; CXX, p. XXI.

*Todtenbuch: Das — des Benedictiner-Nonnenstiftes St. Erentrud auf dem Nonnberge bei Salzburg. Fries. CXI. 3.

*Todtenbücher: Die — der deutsch-österreichischen Alpenländer mit Auszügen aus den bisher ungedruckten Necrologien von Göttweig, Kremsmünster, Lambach, Traunkirchen, Ossiach und Milstadt. Fries. CXI. 3.

Tomaschek, Wilhelm, Professor, c. M.: Zur Kunde der Hämushalbinsel. II. Die Handelswege im 12. Jahrhundert nach den Erkundigungen des Arabers Idrisi. CXIII. 213, 285—373.

Tomaschek, Wilhelm, Professor, c. M.: Kritik der ältesten Nachrichten über den skythischen Norden. I. Theil. Ueber das arimaspische Gedicht des Aristeas. CXVI. 713, 715 bis 780.

— — II. Theil. Die Nachrichten Herodot's über den skythischen Karawanenweg nach Innerasien. CXVII. p. V. I.

Tommaso Rossi: Zwei philosophische Zeitgenossen und Freunde G. B. Vico's. II. — —. CXII. 95—157.

*****Topographie** von Niederösterreich: Zusendung des 1. Heftes des II. Bandes der — —. Becker. CXIII. 212.

— — II. Band, 2. Heft. Becker. CXIV. 214.

Topolousek, J.: Versiegeltes Schreiben behufs Wahrung der Priorität mit der Aufschrift: ‚Die Basker, ein Zweig des indoeuropäischen Stammes. CXIX, p. XV.

*****Traditionsbücher:** Uebermittlung der mit Unterstützung der kais. Akademie herausgegebenen — des Hochstiftes Brixen vom 10.—14. Jahrhundert. (Acta Tirolensia, tom. I.) Redlich. CXII. 740.

*****Tragödie** des Euripides: Eine vermeintliche — — und ein Papyrus der Sammlung des Erzherzogs Rainer. Gomperz. CXII. 158.

*****Tridentinische** Concil: Das — — und der Talmud. Wolf. CXI. 799.

*****Türkische** Elemente: Die — — in den südost- und osteuropäischen Sprachen. Miklosich. CXV. 2.

Türkischer Sprachschatz: Die slavischen, magyarischen und rumunischen Elemente im — —. Miklosich. CXVIII. V.

Turba, Gustav, Dr.: Ueber den Zug Kaiser Carls V. nach Algier, eine Quellenuntersuchung. CXII. 423.

Tyros und Sidon: Studien zur Geschichte des alten Aegypten. III. — —. Krall. CXVI. 631—710.

U.

*****Ueberseeische** Colonisation durch Oesterreich-Ungarn. Hirsch. CXVII, p. XXII.

*****Uebersichtskarte:** Vorlage der Pflichtexemplare der mit Unterstützung der kais. Akademie erschienenen — der ethnographischen Verhältnisse in Asien. Haardt. CXIV. 215.

Ulanowski, Boleslav, Professor: Ausgewählte Denkmäler zur Geschichte des deutschen Rechtes in Polen. I. Das älteste Stadtbuch von Biecz. CXVII, p. XXVII.

Umlauft, Professor: Geographisches Namenbuch von Oesterreich-Ungarn. CXI. 799.

Universitätsbibliothek in Wien, Direction: Dankschreiben für ihr zugewendete Geschenke. CXV. 96.

— Dankschreiben für Zuwendung von akademischen Schriften. CXX, p. V.

*****Urkundenregesten** zur Geschichte des Hospitals am Pyrn. Schroll. CXIV. 307.

*****Urkunden** und Regesten zur Geschichte des Gutes Poreschin im 14. und 15. Jahrhundert. Klimesch. CXVII, p. XIII.

Usener, H., Geh. Regierungsrath, Professor, c. M.: Dankschreiben für seine Wahl zum correspondirenden Mitgliede. CXV. 421.

V.

Valmór, Vicomte de: Historia de Minas Ademas Sagad, rei de Ethiopia. Ausgabe und Uebersetzung von F. M. E. Pereira. CXVIII, p. XX.

*****Vaticanische** Register: Aus den — —; eine Sammlung von Urkunden. Hauthaler. CXIV. 371.

*****Vaticanisches** Archiv: Mittheilungen aus dem — —. I. Band. Actenstücke zur Geschichte des deutschen Reiches unter den Königen Rudolf I. und Albrecht I. Kaltenbrunner. CXX, p. XI.

*****Venezianische** Depeschen vom Kaiserhofe (Dispacci di Germania). I. Band. CXX, p. XI.

Verein für Hamburger Geschichte: Der — —: Einladung zur persönlichen Theilnahme an der am 2. April 1889 stattfindenden Feier seines fünfzigjährigen Bestandes. CXVIII, p. XIV.

Verfassungsgeschichte: Zur — der deutschen Salinen im Mittelalter. Inama-Sternegg. CXI. 413, 569—602.

*****Verneuerte** Landesordnung des Erbkönigreiches Böhmen 1627. Jireček. CXVII, p. XV.

Verschollene Globus: Der — — des Johannes Schöner von 1523. Wiederaufgefunden und kritisch gewürdigt. (Mit einer Tafel.) Wieser. CXVII. V.

Version: Die zweite — der mittelenglischen Alexiuslegenden. Schipper. CXIV. 231—306.

*****Vesta**: Der Tempel der — und das Haus der Vestalinnen. Auer. CXIV. 415.

Vico, G. B.: Zwei philosophische Zeitgenossen und Freunde
— —. I. Paolo Mattia Doria. Werner. CXI. 723—796.
— — II. Tommaso Rossi. CXII. 95—157.

Vier Weingartner, jetzt Stuttgarter Handschriften. (Mit einer Tafel.) Schulte. CXVII. XI.

*****Virunum**: Einsendung des zwölften Bogens des Werkes — behufs Wahrung der Priorität. Pichler. CXV. 441.

***** — mit Bildbeilagen. Pichler. CXVII, p. XXV.

*****Vocabolario** degli Academici della Crusca. Königl. italienische Regierung. V. Band, 3. Fascikel. CXIII. 44; VI. Band, 1. Fascikel. CXV. 96; VI. Band, 2. Fascikel. CXVII, p. XX.

Vocalharmonie der altaischen Sprachen: Die — —. Grunzel. CXVI. 711; CXVII. III.

*****Volkspoesie**: Ein Beitrag zur Kenntniss der —. Krejči. CXVI. 426.

Volksschule, Der erste Wiener Lehrerverein: Gedenkbuch seines fünfundzwanzigjährigen Bestandes. CXVIII, p. XVII.

Vondrák, W., Dr.: Zur Kritik der altslovenischen Denkmale. CXII. 426, 743—784.

Vrba, Carl Fr., Dr.: Beiträge zur Geschichte der Augustinischen Textkritik. CXIX, p. IX. VI.

W.

Wahle, Richard, Dr., Privatdocent: Ueber die geometrische Methode des Spinoza. CXVI. 2, 431—452.

— Ueber das Verhältniss zwischen Substanz und Attribut in Spinoza's Ethik. CXVII, p. X. VIII.

— Die Glückseligkeitslehre der „Ethik" des Spinoza. CXVIII. p. XXII; CXIX. XI.

Waitz, Georg, E.-M.: Mittheilung von seinem am 24. Mai 1886 zu Berlin erfolgten Ableben. CXII. 687.
Walthersage: Ueber die — . Heinzel. CXVII. II.
*****Wassâf:** Mittheilungen über den Inhalt der im IV. Buche des Geschichtswerkes des — enthaltenen arabischen Urkunden. Kremer. CXIV. 213.
Weber, Albrecht, Dr., c. M.: Dankschreiben für seine Wahl zum correspondirenden Mitgliede. CXV. 1.
Wegele, F. X.: Geschichte der deutschen Historiographie; XX. Band der Geschichte der Wissenschaften in Deutschland. CXI. 2.
*****Wegweiser** und Katalog zur Revision der Schulbibliotheken. Kugler. CXII. 740.
Weihrich, Franz: Corpus scriptorum ecclesiasticorum latinorum, XII. Band, enthaltend S. Augustini liber qui appellatur speculum et liber de divinis scriptoris sive speculum quod fertus S. Augustini. CXIV. 1.
Weilen, Josef Ritter von: Mittheilung seiner Wahl zum Preisrichter der Grillparzer-Stiftung seitens des Schriftsteller- und Journalistenvereines ‚Concordia.' CXVI. 540.
Weingartner, jetzt Stuttgarter Handschriften: Vier — — . (Mit einer Tafel.) Schulte. CXVII. XI.
*****Weisthümer:** Auffindung von 35 bis jetzt unbekannten tirolischen — . Ottenthal und Redlich. CXIII. 692.
— -**Commission:** Vorlage des VII. Bandes der Oesterreichischen Weisthümer, enthaltend die Banntaidinge aus Niederösterreich, Viertel unter dem Wienerwalde; bearbeitet von Dr. Gustav Winter. CXII. 687.
*— -**Urkunden.** Schnürer. CXIII. 995.
Werner, Carl, k. k. Ministerialrath, w. M.: Zwei philosophische Zeitgenossen und Freunde G. B. Vico's. I. Paolo Mattia Doria. CXI. 645, 723—796; II. Tommaso Rossi. CXII. 93, 95—157.
— Gedenken des Verlustes, welchen die Akademie durch sein am 4. April 1888 erfolgtes Ableben erlitten hat. CXVI. 537.
— R. M., Professor: Gebler und Nicolai, ungedruckte Briefe aus den Jahren 1771—1786 nebst Erläuterungen. CXIV. 521.

Wertheimer, Eduard, Professor: Erzherzog Carl und die zweite Coalition bis zum Frieden von Lunéville (1798—1801). CXI. 413.
— Wien im Jahre 1809, ein Beitrag zur Geschichte des Krieges im Jahre 1809. CXVII, p. XXVII.
Wertner, Moriz, Dr.: König Peter von Ungarn und seine Familie mit besonderer Rücksicht auf die Markgräfin Frowila von Oesterreich. CXV. 2.
— Studien zur Genealogie der Arpaden. CXVI. 781.
Werunsky, Emil, Professor: Die social-politischen Zustände der böhmischen Kronländer um die Mitte des 14. Jahrhunderts. XCVIII, p. XI.
Wessely, Carl, Professor: Griechische Zauberpapyrus von Paris und London. CXIV. 8.
— Die Pariser Papyri aus dem Funde von El-Faiûm. CXVIII, p. XX.
Wichner, P. Jakob, Archivar und Bibliothekar: Geschichte des Clarissenklosters Paradeis zu Judenburg in Steiermark. CXVI. 537.
— Das Kloster Admont und seine Beziehungen zur Wissenschaft und zum Unterrichte. CXX, p. XV.
Wien, Direction der Universitätsbibliothek: Dankschreiben für ihr zugewendete Geschenke. CXV. 96.
*— im Jahre 1809, ein Beitrag zur Geschichte des Krieges im Jahre 1809. Wertheimer. CXVII, p. XXVII.
Wiener Lehrerverein, Der erste — — ‚Volksschule': Gedenkbuch seines fünfundzwanzigjährigen Bestandes. CXVIII, p. XVII.
*— Zeitschrift für die Kunde des Morgenlandes. Orientalisches Institut der Wiener Universität. CXVI. 191.
Wieser, Franz Ritter von, Professor: Der verschollene Globus des Johannes Schöner von 1523 wieder aufgefunden und kritisch gewürdigt. CXVI. 540; CXVII. V.
Wiesner, Julius, Professor, w. M.: Die mikroskopische Untersuchung des Papiers aus der Sammlung der Papyrus Erzherzog Rainer. CXV. 440.
*Wilhelm Scherer, ein Blatt der Erinnerung. Horawitz. CXIV. 213.
Willems, Peter, Professor: Les élections municipales de Pompéi. CXIII. 212.

William Dunbar. Ein Beitrag zur schottisch-englischen Literatur- und Culturgeschichte. Schipper. CXIV. 211.

Winter, Gustav, Dr., k. u. k. Haus-, Hof- und Staatsarchivar, c. M.: Oesterreichische Weisthümer, enthaltend die Banntaidinge aus Niederösterreich, Viertel unter dem Wienerwalde. CXII. 687.

— Dankschreiben für seine Wahl zum correspondirenden Mitgliede. CXIII. 212.

— Mittheilung über die von Dr. Franz Schnürer aufgefundenen und der kais. Akademie zur Verfügung gestellten Weisthümer. CXIII. 495.

Winternitz, M., Dr.: Vorlage der Pflichtexemplare der subventionirten Schrift: ‚The Âpastambiya Grihiasûtra'. CXIV. 637.

*****Wirthschaftliche** Leben: Das — — der Völker. Scherzer. CXI. 412.

Wirthschaftsgeschichte Wiens: Die — — unter der Regierung des Kaisers Franz Josef I. (1848—1888). Zapf. CXVIII, p. VII.

Wissowa, G. et A. Reifferscheid: Quinti Septimi Florentis Tertulliani opera ex recensione — —. XX. Band. CXX, p. XV.

*****Wochenrechnungen**: Die — und der Betrieb des Prager Dombaues in den Jahren 1372—1378. Neuwirth. CXVII, p. XV.

*****Wörterbuch**: Etymologisches — der slavischen Sprachen. Miklosich. CXII. 3.

*— Holländisch-chinesisches —. I. Theil, 3. Lieferung. Schlegel. CXII. 267.

Wolf, Gerson, Professor: Das Tridentinische Concil und der Talmud. CXI. 799.

— Aus der Zeit der Kaiserin Maria Theresia. CXVI. 711.

— Zur Culturgeschichte in Oesterreich-Ungarn (1848—1888) CXVII, p. XXIV.

Wotke, Carl, Dr.: Glossae spiritales secundum Eucherium episcopum. CXV. 423, 425—439.

Wüllerstorf-Urbair, Baronin: Vermischte Schriften des k. k. Viceadmirals Bernhard Freiherrn von Wüllerstorf-Urbair. CXVIII, p. XII.

Wurzbach, Constant Ritter von, Regierungsrath: Vorlage des 52. Bandes des ‚Biographischen Lexikons des Kaiserthums Oesterreich' und Ersuchen um Subventionirung desselben. CXI. 868.

-- Dankschreiben für die dem 52. Bande seines ‚Biographischen Lexikons des Kaiserthums Oesterreich' gewährte Subvention. CXII. 1.

— Ansuchen um Subventionirung des 53. Bandes seines ‚Biographischen Lexikons des Kaiserthums Oesterreich'. CXIII. 44.

— Dankschreiben für die dem 53. Bande seines ‚Biographischen Lexikons des Kaiserthums Oesterreich' zu Theil gewordene Subvention. CXIII. 793.

— Uebermittlung des 54. Bandes des ‚Biographischen Lexikons des Kaiserthums Oesterreich' behufs einer Subventionirung. CXIV. 213.

— Dankschreiben für die dem 54. Bande des ‚Biographischen Lexikons des Kaiserthums Oesterreich' gewährte Subvention. CXIV. 377.

— Ansuchen um Subventionirung des vorgelegten 55. Bandes seines ‚Biographischen Lexikons des Kaiserthums Oesterreich'. CXV. 2.

— Dankschreiben für die dem 55. Bande seines ‚Biographischen Lexikons des Kaiserthums Oesterreich' zu Theil gewordene Subvention. CXV. 421.

— Subventionsansuchen für den 56. Band seines ‚Biographischen Lexikons des Kaiserthums Oesterreich'. CXVII, p. IX.

— Dankschreiben für bewilligten Druckkostenbeitrag. CXVII, p. XV.

— Subventionsansuchen für den 57. Band des ‚Biographischen Lexikons des Kaiserthums Oesterreich'. CXVIII, p. XV.

— Dankschreiben für die dem 57. Bande seines ‚Biographischen Lexikons des Kaiserthums Oesterreich' gewährte Subvention. CXVIII, p. XX.

Y.

***Y**ih-King: Le texte originaire du — —, sa nature et son interprétation. Harlez. CXV. 96.

Z.

Zachariae, Th., Professor, und Professor Dr. G. Bühler: Ueber das Navasâhasânkacharita des Dichters Padmagupta, genannt Parimala. CXVI. 541, 583—630.
Zapf, J., Dr.: Die Wirthschaftsgeschichte Wiens unter der Regierung des Kaisers Franz Josef I. (1848—1888). CXVIII, p. VII.
***Zauberpapyrus**: Griechische — von Paris und London. Wessely. CXIV. 8.
Zeissberg, Heinrich Ritter von, Professor, w. M.: Ueber das Rechtsverfahren Rudolfs von Habsburg gegen Ottokar von Böhmen. CXIII. 213.
— Zur Geschichte der Räumung Belgiens und des polnischen Aufstandes (1794) nach Lacy's Vorträgen an den Kaiser. CXV. 2.
— Erzherzog Carl und Prinz Hohenlohe-Kirchberg. Ein Beitrag zur Geschichte des Feldzuges in die Champagne (1792). CXVI. 540.
— Quellen zur Geschichte der deutschen Kaiserpolitik Oesterreichs. III. Band. CXVIII, p. VII.
— Zur deutschen Kaiserpolitik Oesterreichs. Ein Beitrag zur Geschichte des Revolutionsjahres 1795. CXVIII, p. XV. VII.
Zeit und Schicksal bei Römern und Westariern, eine universalhistorische Studie. Büdinger. CXIII. 581—611.
Zeitfolge platonischer Schriften: Zur — —. Platonische Aufsätze. I. Gomperz. CXIV. 741—768.
Zimmermann, Robert, Hofrath, w. M.: Mittheilung, dass von dem Preisgerichte der Grillparzer-Stiftung an Stelle des verstorbenen Geheimen Regierungsrathes Professor Wilhelm Scherer Professor Dr. Erich Schmidt gewählt wurde. CXIII. 995.
— Mittheilung von der Constituirung des Preisgerichtes der Grillparzer-Stiftung für das Triennium 1887 bis 1890, bestehend aus den Herren Erich Schmidt in Berlin, Adolf Ritter von Sonnenthal, Ludwig Speidel, Josef Ritter von Weilen und Robert Zimmermann in Wien. CXVII, p. X.
Zindler, Konrad: Beiträge zur Theorie der mathematischen Erkenntniss. CXVII, p. XVIII; CXVIII. IX.

Zingerle, Oswald, Dr.: Der Paradiesgarten der altdeutschen Genesis. CXII. 533, 785—805.
— Meinhard'sche Urbare der Grafschaft Tirol. CXIV. 211.
— V. und Josef Egger: Tirolische Weisthümer, enthaltend Burggrafenamt und Etschthal. CXV. 441.
Zuschrift des Ministers für Cultus und Unterricht Dr. Gautsch von Frankenthurn, enthaltend die Begrüssung des Präsidenten und das Ersuchen um ein freundliches Entgegenkommen in Erfüllung seiner Berufspflichten. CXI. 797.
Zwiedinek-Südenhorst, H. von, c. M.: Die Augsburger Allianz von 1686. CXX, p. XIX.